CÉLINE

DU MÊME AUTEUR

Juste pour rire, la biographie, Les Éditions La Presse, 2007.
Dans les coulisses du cirque du soleil, Québec Amérique, 2004.
Et Angélil créa Céline (avec Jean Beaulne), Trait d'union, 2002.
Le Mystère Villeneuve, Québec Amérique, 2006.
Céline Dion, une femme au destin exceptionnel, Québec Amérique, 1997.
Fleur d'Alys, Leméac, 1994.

JEAN BEAUNOYER

CÉLINE

René, un amour
plus fort que la mort

l'Archipel

Notre catalogue est consultable à l'adresse suivante :
www.editionsarchipel.com

Éditions de l'Archipel
34, rue des Bourdonnais
75001 Paris

ISBN 978-2-8098-2104-8

« Aimer, ce n'est pas se regarder l'un l'autre,
c'est regarder ensemble dans la même direction. »

Antoine de Saint Exupéry

Avant-propos

À la fin des années 1990, j'avais déjà écrit une biographie non autorisée de Céline Dion. À l'époque, au Québec, la pratique n'était pas si fréquente. L'auteur risquait d'être soupçonné des pires intentions : règlement de comptes[1], affabulations atroces. En m'attaquant sans autorisation à *Céline Dion, une femme au destin exceptionnel*, je ne réclamais que la liberté entière d'écrire sur le parcours incomparable d'une artiste qui avait déjà conquis les États-Unis. La jeune Québécoise se voyait accueillie dans le cercle fermé des oscarisés d'Hollywood. Céline était de la famille – celle des stars américaines.

Mon intention était de raconter une histoire qui ferait date, non pas à la manière d'un échotier ou d'un paparazzo, mais, en tant que journaliste, à même de faire valoir trente années d'expérience. Les éléments étaient réunis. Les astres étaient alignés. La matière était là, qui permettrait de créer un personnage légendaire. La liberté avec laquelle j'avais effectué mes recherches m'a permis de garder une distance critique en ce qui concernait certaines habitudes prises par l'entourage de Céline

1. Les Éditions de l'Homme, 1998.

dans ses rapports avec les reporters ou les concurrents. J'ai aussi pu mesurer la force du lien unissant deux êtres qui ne correspondaient absolument pas à l'image du couple idéal. Ils étaient séparés par une différence d'âge de vingt-six ans. On trouvait d'un côté un lourd passé et, de l'autre, la fraîcheur et la quête d'absolu. Rien n'indiquait une passion à la Roméo et Juliette. Ce que j'ai observé, pourtant, et même admiré, c'est un indéfectible attrait. Ces deux êtres étaient animés par une même vision. Céline porte encore René en elle ; elle continue de puiser en lui sa force et sa foi en l'avenir. Au-delà de la mort, l'amour est toujours là.

Dans le présent récit, je ne me suis pas attardé sur les lauriers, les médailles, les trophées et les chiffres de ventes. Ce qui m'a motivé, c'est la naissance et l'évolution d'un amour auquel ces êtres n'ont pu échapper. Leur histoire était écrite et c'était une route semée d'obstacles : le temps, le mariage de René et sa santé fragile, la mère de Céline, la course au succès, la vie trépidante du couple parvenu au sommet de la gloire, une maternité tardive, les attaques contre leur vie privée, la passion du jeu de René, l'escroquerie imaginée par une Coréenne, qui aurait pu tourner à la catastrophe. Même la routine a pu se dresser devant eux. Et cependant, rien n'a jamais vraiment menacé leur union.

J'insisterai dans ces pages sur certains détails, certaines remarques, certains regards : ils témoignent de l'évolution constante d'un parcours amoureux appelé à entrer dans l'histoire. On s'étonnera, dans les années à venir, de la vitalité de ce couple, de sa résilience et de sa fidélité au-delà de la mort. Ne traversons-nous pas une époque où les divorces semblent inévitables ? Ce couple-là rassure les romantiques. Il leur rend l'espoir. Il leur rappelle qu'amour peut encore rimer avec toujours. C'est pourquoi il laissera sa marque dans les mémoires.

On m'objectera que Céline et René ne sont pas parfaits. Quelle importance ? Eux-mêmes ne se sont pas vécus comme tels. La vérité est que leur succès résulte de l'amour qui les attache l'un à l'autre. René misait tout sur elle ; Céline chantait pour lui…

1

La dernière nuit

13 janvier 2016, Henderson, Nevada.

René n'a plus mal. Il est libéré. Une force obscure le pousse à s'asseoir dans son lit, à se détendre, à s'abandonner. Il s'étonne d'être devenu si léger, de se mouvoir dans l'espace comme si rien ne le retenait plus. Subitement, tout devient facile, tout est accessible. Il n'entendait presque plus, et voilà qu'il perçoit distinctement le tic-tac de la pendule. Il lève la tête, cherche l'origine de ce bruit. L'image de l'horloge apparaît sur le mur. Penchant la tête, il voit une toile blanche dressée devant les appareils médicaux. Cette encombrante machinerie lui rappelle la maladie qui lui ronge le corps. Mais les meubles, le long des murs, disparaissent à leur tour. La lumière se répand sur un écran, puis s'adoucit. Du cinérama[1], se souvient René. Comme au Théâtre impérial de sa jeunesse. Des images prennent vie. René revoit Alice, sa mère. Elle prépare le repas de toute la famille dans la minuscule cuisine de la rue Casgrain, au nord de Montréal.

Maman surveille bébé André, le petit frère de René. Comme André fait ses dents, il mâche tout ce qu'il peut

1. Mode de projection cinématographique utilisant trois objectifs.

attraper, même le camion en plastique plaqué contre sa bouche. René, lui, a déjà quatre ans. Il est heureux de voir arriver sur la table le *babaganoush*, le *kible* et l'*houmous* préparés par sa mère. Joseph, le père, prend place en bout de table : c'est le maître des lieux. Il est bientôt imité par tante Marie et par grand-mère Tété Nour. Des heures durant, c'est le mélange des idées, des langues, des plats. On parle français, anglais, arabe ! Et tout le monde se comprend. Le petit René, bras tendus, réclame à manger…

Soudain c'est le black-out. Il fait noir. René ne voit plus rien.

Il ne tarde pas à entendre une voix d'enfant qui chante tristement dans l'obscurité. Cette voix pure résonne dans une église de campagne. Les images reviennent. Les murs reprennent leurs couleurs. René distingue un cercueil. Il y a des lampions. Une vieille femme est morte. Une fillette s'approche de la sépulture et chante son amour pour sa grand-mère Ernestine, celle qui fut la première à l'encourager à travailler le chant. La voix de cette fillette ressemble à celle d'un ange. *Un ange envoyé par Dieu,* pense René. Un sentiment bizarre l'envahit. Il est fasciné. Il n'avait jamais vu cette image. Jamais il n'avait entendu une voix exprimer pareille douleur. Est-ce un rêve ? Les portes de l'église se ferment brusquement.

« Ça suffit ! », s'exclame le bedeau.

Les lumières s'éteignent à nouveau. Quand elles se rallument, René découvre un petit cabaret, Le Vieux Baril. C'est une modeste cabane où tout est en bois : les bancs, les tables et même les murs. La salle est envahie par le bruit et la fumée. Des fêtards et des buveurs y écoutent de la musique. La formation qui se produit sous leurs yeux s'appelle A. Dion et son ensemble. Elle est si nombreuse qu'elle occupe entièrement la scène. C'est le père, Adhémar, qui est à l'accordéon. Thérèse joue du violon. L'atmosphère est chaleureuse, familiale. Les gens sont venus avec leurs enfants.

On danse autour des tables, on frappe dans les mains. Puis la soirée se prolonge. Quelqu'un réclame le silence. Il faut laisser chanter la cadette. On la hisse sur une table. Elle devient la vedette. Elle chante. On l'écoute religieusement. Elle continue de fasciner René. Il n'avait jamais rien vu ni entendu de si beau. Il murmure :

« C'est elle. »

La fillette chante jusqu'à ce qu'une forte odeur de brûlé se répande dans le cabaret. Des flammes s'élèvent du plancher. Emportée par son chant, la petite ne voit pas les flammes, elle n'entend pas les cris. Le Vieux Baril commence à s'écrouler[1].

Mais un homme, installé près de la scène, semble ne pas se préoccuper de l'incendie. Il se lève, dévisage René. C'est Paul Lévesque, et il est furieux :

« La petite Céline, c'est moi qui l'ai découverte, pas toi ! Tu m'entends, René ? N'essaie pas de faire comme si je n'existais pas. J'ai même signé un contrat avec sa mère. Pour plusieurs années ! Tu ne pourras rien y changer. Céline est à moi et elle va disparaître. Tu as perdu la partie, René. »

La petite Céline chante et chante encore. À la fin, elle disparaît de l'écran. René s'affole :

« Maman ! Maman ! Elle a disparu ! Je vais mourir et elle ne sera pas là !

1. Le Vieux Baril est ravagé par un incendie en 1980.

— Ne t'en fais pas, mon enfant, répond maman Alice de sa voix caressante. Tu as fait un mauvais rêve. Rendors-toi. Tu es si fatigué.

— Non, maman ! Je ne peux pas. Je veux voir la suite.

— La suite de quoi ?

— La suite de ma vie.

— Si c'est ce que tu veux… De toute façon, tu n'en fais toujours qu'à ta tête. »

La séance reprend son cours. L'écran est entièrement occupé par grand-mère qui bat les cartes. Elle est vieille mais agile. Elle a mis deux sous sur la table. René en met autant. Elle abat les cartes et lui prend ses deux sous. René se fâche. Il remet deux sous. Grand-mère Nour gagne encore. Elle gagne toujours. René jette ses cartes sur la table. Il crie des gros mots, en anglais pour que grand-mère Nour ne puisse pas comprendre. Il court s'enfermer dans sa chambre et claque la porte.

René a grandi. Il est dans son lit. De la musique arabe lui parvient. Joseph, son père, a mis un disque.

René, dans sa chambre, allume la radio. Il écoute l'émission « Hit-Parade » et la dernière chanson de son idole, Elvis Presley. Enfin, de la musique qui fait rêver ! Enfin la vraie vie, les filles qui dansent et dansent dans sa tête. Mais le rêve brusquement se brise : le père a coupé le fil de la radio avec de grands ciseaux. Il dit :

« Il n'y aura plus de rock'n'roll dans ma maison. C'est fini, la débauche. Et les mauvaises filles. Et la musique du diable. »

Joseph est un homme qui, sans élever jamais la voix, sait imposer sa volonté, doucement mais fermement. La tante de René, Marie Sara, la sœur de sa mère, intervient :

« Viens jouer, ça te changera les idées. »

René joue. Beaucoup et de mieux en mieux. Il commence à gagner. Pas toujours mais souvent. Et il ne joue pas qu'à la maison. À l'école, aussi. Ce qui lui rapporte pas mal d'argent. Ses amis pensent qu'il a un don.

Alice, sa maman, lui demande :

« Pourquoi veux-tu toujours gagner ? Tu ne l'as jamais dit. Pourquoi tu en voulais tant ? C'est pour ça que tu as passé ta vie à vouloir tout avaler ? Tout prendre ? Tout gagner ?

— Je ne sais pas, maman !

— Tu le sais ! Et il faudra bien que tu me le dises avant la fin du film. Sinon on ne saura jamais.

— Tu as raison, maman. Je suis fatigué et l'horloge tourne moins vite. Tu sais, l'horloge... Elle va bientôt s'arrêter. Je le sens. Ma vie s'en va.

— Ne t'en va pas, mon chéri. Reste encore un peu dans ta jeunesse. Et dis-moi, qu'est-ce qui t'a poussé à brûler ta vie comme ça ?

— Je ne voudrais pas te faire de peine, maman, mais j'ai toujours eu peur de mourir à soixante-sept ans, comme mon père. Il était dur, mon père. Ce n'était pas un homme facile. Je l'ai déçu. Je n'ai pas fait assez d'études. Je ne suis pas devenu avocat. Ni comptable. Ni gérant d'une banque. Alors que c'est ce qu'il avait espéré. Mais voilà, j'avais d'autres rêves. Mes rêves à moi. Tu sais, je l'aimais bien. Mais je n'avais pas envie de finir comme lui. Je ne voulais pas travailler aussi dur pour ne rien gagner. Je trouvais ça injuste, maman. Ça me révoltait. Lui aussi aurait mérité mieux.

« Tu te rappelles le jour où j'ai défoncé la porte des toilettes ? Bien sûr, que tu te rappelles. Je l'ai trouvé mort. Il est mort d'un coup, sans déranger. Il ne dérangeait jamais. Il n'a pas été obligé d'endurer comme moi une longue maladie. Il n'a pu recevoir l'amour qui m'a été donné à la fin de ma vie. La plupart du temps, il ne parlait pas, mon père. Son silence me faisait peur. Maman ! Maman ! »

Maman n'est plus là. Il ne l'entend plus.

Sur l'écran de la chambre, les images se bousculent. René revoit l'époque où il s'est mis à voler de ses propres ailes. Il chante. Il fait partie des Baronets, un groupe qui se produit aux États-Unis. Derrière les fenêtres de sa chambre s'étend la plage d'Atlantic City. Il joue avec ses amis Pierre, Jean, et Gilles[1]. Ils courent tous les quatre sur le sable fin. On dirait des collégiens en vacances. Pourtant, ils travaillent. Pas dans une banque. Pas au tribunal. Ni dans au bureau. Ils chantent dans un hôtel. On les paie pour ça. Quel bonheur d'avoir vingt ans et d'interpréter « Johanne », leur première chanson enregistrée ! Ils reprennent aussi les succès des Four Aces[2] devant des femmes qui descendent des drinks avec leurs maris, s'ennuient et ne quittent pas les jeunes gens des yeux.

Pendant que ses amis s'attardent au bar, René se rend dans une salle bruyante où tous les jeux sont permis : la roulette, les machines à sous, le poker, le black-jack, les dés. La police ferme les yeux, contrairement à ce qui se passait à Montréal dans les années 1960, quand le

1. Pierre Labelle, Jean Beaulne, Gilles Petit et René Angélil fondent en 1950 le groupe Les Baronets qui connaîtra sa plus grande popularité entre 1961 et 1970, avant de devenir en 1970, et pour deux ans, un duo.
2. Ce quatuor, très populaire aux États-Unis dans les années 1950, interprétait des chansons romantiques.

vice, la prostitution et l'hypocrisie faisaient la loi. Ici, le jeu est légal, les hommes sont élégants et l'ambiance est digne d'un palais. René ne boit pas d'alcool mais il mange beaucoup. Or il y a tout, dans cet hôtel, pour satisfaire un estomac américain : steaks épais, fruits de mer, copieux desserts et Coca-Cola servi à volonté.

C'est le coup de foudre. René a trouvé sa maison, comme il le dit à ses amis. Atlantic City, c'est son habitat naturel. Il aimerait tant y passer sa vie à chanter, à manger, à jouer. Que demander de plus ?

« De l'argent », répondent ses amis.

Il faut reprendre la route. Voyager encore. Et des casinos, il n'y en a pas partout. Les amis partent pour les Caraïbes, reviennent à Miami, rentrent à Montréal. Ils attendent le succès. Et le succès arrive. Grâce aux tubes des Beatles dans leur version française. En effet, l'époque de la beatlemania bat son plein. Les Baronets ont la cote. Les filles font la queue à la porte des studios de télé ou à la sortie des salles de spectacle pour les voir.

René voit apparaître en cinérama, sur les murs de sa chambre, l'image de celui qu'il était voilà cinquante ans. Les affiches surgissent, ainsi que les couvertures de magazines et les passages à la télé – une vedette au meilleur de sa jeunesse. Non sans tristesse, il constate combien il est beau alors, grand, en bonne santé, plein d'énergie. Il pilote une superbe décapotable. Les filles se pressent autour de l'auto pour lui réclamer des autographes. Des quatre membres du groupe, c'est lui le plus populaire. Il en est convaincu. Les Baronets sont réclamés partout. L'argent coule à flot. Le yéyé triomphe dans les clubs, à la radio et à la télévision.

Une infirmière a sonné. Elle lui donne d'autres médicaments. La toile blanche s'efface. René revient à la réalité. Il tâte tous les objets sur la table, renverse des verres, des flacons et des boîtes de pilules. Il prend le téléphone, un appareil spécialement programmé, avec une ligne unique : la femme de sa vie.

« Allô ? Céline ? Je voulais te dire que je... que je t'aime. »

La voix est faible, les mots peinent à sortir. Ce seront les derniers que Céline entendra de la bouche de son homme, du seul homme qu'elle ait aimé.

Elle est ravie et surprise. Il est rare que René appelle le soir quand elle est en spectacle.

« Moi aussi, je t'aime, mon amour ! Repose-toi bien. Je t'embrasse ! »

Non ! Il n'est pas triste, ni paniqué, ni souffrant. Il est ailleurs, là où la vie vous accorde une toute dernière récompense avant le grand départ. Dans cette zone, tout est permis. Il n'y a plus d'entrave, plus de souffrance, plus de regrets.

« Je veux jouer », dit René.

Ce qu'il voit maintenant sur les murs de sa chambre, c'est la maison de jeu avec ses tapis verts et ses machines. Au centre, autour d'une table immense, une douzaine de ses amis sont réunis. Ils sont venus le soutenir, le réconforter. René aperçoit Marc, Michel, Pierre, Ben, Paul, Jacques, Aldo... Les douze apôtres jouent aux cartes au milieu des appareils qui tintent, qui sonnent. C'est une partie de poker. René joue contre tous les autres simultanément, comme les champions d'échecs. C'était son grand rêve. Il gagne à chaque fois.

Un joueur quitte la table. Il a tout perdu. Un autre l'imite. Et ainsi de suite jusqu'à la fin. La partie est terminée. La maison peut fermer. René se retrouve dans le noir, absolument seul.

« J'ai gagné ! Mais j'ai perdu aussi puisque j'ai perdu mes amis ! Où êtes-vous ? Pourquoi ne pas rester ? Pourquoi me laisser seul ? Vous savez bien que je ne supporte pas la solitude ! Je ne l'ai jamais connue. J'ai toujours eu ma famille autour de moi. Et celle de Céline. Et mes amis. Grâce à eux, j'ai vécu dans l'illusion de ne pas vieillir… Maintenant, je ne vous reverrai plus. Merci pour tous les mauvais tours ! Merci, Pierre, de m'avoir accompagné à l'hôpital quand j'ai eu mon cancer. Merci, Marc, d'avoir toujours été là quand il le fallait. Merci à tous, de m'avoir rendu cent fois ma jeunesse. Aujourd'hui, je n'ai plus le choix. Je dois être vieux et seul pour mourir. C'est ce que les médecins m'ont dit. Tout disparaît dans ce qui me reste de vie. Je n'aurai plus personne à écouter, ni à qui parler. Je serai seul à jamais.

— Non, René ! protestent les voix. Nous serons toujours là. »

Il ne voit pas encore les enfants, mais il les entend, alors qu'ils prennent place dans le jubé de l'église Saint-Sauveur. Ils toussent. Ils se tiennent bien droits. Ils sont habillés en servants de messe. Ils chantent « Les anges dans nos campagnes » et « Adeste Fideles ». René aperçoit son ami Pierre Labelle. Il chante à gorge déployée avec Gilles Petit et Jean Beaulne. René se souvient :

« Ma première musique, mon premier show. C'est là que tout a commencé. »

Il est déjà passionné de musique mais il chante moins bien que Pierre Labelle et c'est Pierre, dix ans plus tard, qui deviendra le soliste des Baronets. Pierre dont le père est un grand pianiste qui a accompagné la plupart des artistes français en tournée dans les cabarets de Montréal à la fin des années 1950. Le père de Pierre autorise son fils et René à le suivre dans les coulisses des salles de spectacle. C'est là qu'ils attraperont le virus du show-biz.

Durant la nuit, les chants des choristes emplissent les oreilles de René. Peu à peu, l'image de Pierre Labelle s'efface. D'autres émergent du brouillard. Des images de femmes. Les femmes de sa vie. Elles occupent toutes les places du jubé. René murmure :

« Ma vie n'aura été qu'une suite de chansons et de chanteurs…

— De chanteuses, tu veux dire.

— Maman ! Tu es là, je t'entends. Pourquoi as-tu disparu pendant la nuit de ma vie ?

— C'est toi qui disparais lentement, mon fils. Tu ne m'entendais plus. Tu ne me voyais plus.

— Maman ! je t'en prie, avant de partir, dis-moi pourquoi j'ai fait tant de mal aux femmes de ma vie. Je le regrette à présent. Je voudrais qu'elles sachent qu'au fond je les aimais. Mais c'était si compliqué avec l'existence que je menais… J'ai fait tellement de bêtises…

— Allons, allons, mon fils. Elles ont presque tout oublié. D'ailleurs, elles aussi, elles t'ont fait du mal. Encore plus, si ça se trouve. Sauf que toi, tes émotions, tu les caches. Comme au poker. Mais le mystère de ta vie, ce sont les femmes, pas le poker…

— Tu crois ?

— Mon petit René, tu n'as vécu que pour elles, et par elles. Regarde-les, dans le jubé ! Elles sont nombreuses. Et c'est pour toi qu'elles chantent. »

Maryse Marshall. La première dont il a partagé la vie. Elle était choriste quand il l'a rencontrée. C'était au temps des Baronets. Elle était mignonne. René repense à leur jeunesse insouciante et immature. Cette relation ne l'a guère marqué. À Maryse, le jeune René a bientôt préféré Denyse Duquette. Un coup de foudre, cette fois. René l'épousera à l'église Saint-Sauveur, entouré de ses parents et amis.

« Tu sais ce qui s'est passé, le jour de ton mariage ?

— Oui, dit René, mal à l'aise.

— Maryse a accouché d'un petit garçon. Le jour de tes noces avec une autre ! Tu ne trouves pas ça gênant ?

— Ce petit garçon n'était pas mon fils.

— Je sais. Mais lui, il ne le savait pas. Il t'a vénéré. Il t'a attendu. Jusqu'au jour où il a su la véritable identité de son père.

— Je ne comprenais pas, alors. Aujourd'hui, je regrette. »

René éprouve une profonde tendresse pour Denyse, une femme qui ne lui a jamais fait de mal, qui a toujours essayé de le comprendre, et voulu le retenir. Elle demeure un de ses meilleurs souvenirs de jeunesse. Hélas ! elle n'appartenait pas au monde du spectacle. Elle voulait une maison, une famille. Elle lui a donné un fils…

« Tu l'as quittée pour Anne Renée qui t'a donné deux enfants. »

Anne Renée, une femme ravissante. Elle chante dans cette chorale improvisée et Angélil reconnaît la chanson : « Mon cher René, c'est à ton tour, de te laisser parler d'amour. » Quel rêve délicieux ! Toutes les femmes de sa vie interprètent à l'unisson cette chanson de Gilles Vigneault. Elles sont toutes présentes, comme si elles l'aimaient encore, malgré tout.

« Il faut que tu saches, mon petit garçon, que tu n'as pas bien réussi avec les hommes. Tu as détruit la carrière internationale du jeune Simard. Et avec Garou, ça n'a pas duré. Toi, ce sont les femmes qui t'ont réussi. Tu as même réussi à séduire maman Dion !

— Ce n'est pas vrai ! Elle voulait me tuer, au début. Elle me détestait.

— À d'autres. Vous êtes les mêmes, elle et toi. D'ailleurs, tu as toujours aimé les femmes qui te résistent, celles qui ont du caractère. Denyse et Anne Renée étaient trop bonnes. »

René revoit Ginette Reno : un échec.

« Un échec ? Ton orgueil a souffert mais Ginette Reno, c'était une réussite. Tu lui as fait enregistrer le plus grand succès de l'histoire de la chanson québécoise : « Je ne suis qu'une chanson ». 300 000 disques vendus au Québec. Tu lui prévoyais une grande carrière. Le problème, c'est que vous n'étiez pas faits pour travailler ensemble. Ça ne pouvait pas durer…

— J'ai cru qu'elle m'avait engagé pour que je porte ses valises. Mais c'est loin tout ça, maman. »

Julie Snyder, Marilou, Claudette Dion, Véronic DiCaire : René les a toutes aidées au bon moment. À présent elles chantent « Mon cher René, c'est à ton tour… ».

« Finalement, René, la femme idéale, pour toi, c'était Céline. Rien que pour ça, tu devrais dire merci à Ginette Reno, et la garder dans ton souvenir. Si elle avait accepté de te suivre en France pour faire la carrière que tu lui promettais, tu n'aurais jamais rencontré Céline. Tu n'aurais même pas ouvert la lettre que sa mère t'a adressée. Je m'en vais, René. Adieu, mon petit ! Ton horloge s'arrêtera bientôt. Tu ne nous as jamais oubliées, ta tante Marie, Tété Nour et moi. Tu étais plus proche de nous que de ton père et de ton frère. On a toujours su que tu voulais nous protéger. Tu as toujours eu besoin de protéger les plus vieux, les plus faibles, les plus démunis. Tu as été un bon fils. Tu l'as été toute ta vie, mon chéri ! »

La musique apaise un peu l'homme malade. Les choristes quittent le jubé pour se fondre dans la toile blanche. René n'entend plus sa mère. Il n'entend plus qu'une musique étrange, venue de l'extérieur. Des danseurs, des musiciens et des acrobates accourent dans la chambre. Ils font un cercle autour du lit. François Dragone, homme de cirque et metteur en scène au Cirque du Soleil, prend le micro et annonce en français :

« Mesdames et messieurs, le Caesars Palace a l'honneur de vous présenter le plus grand spectacle du monde : "Le dernier show". Il est donné dans le tout nouveau Colloseum rebaptisé René's Colloseum. Entrez ! Entrez ! mesdames et messieurs, il n'y aura aucune représentation supplémentaire ! »

La toile blanche formant écran autour de la chambre a disparu. Il n'y a plus de cinéma. Les murs tombent, le plafond s'élève, pareil à une soucoupe volante. René découvre une salle comble. Est-ce le Colloseum ? Il y aurait été transporté à son insu pour un dernier show… Ce serait génial. *Big time*. Le meilleur tour qu'on pouvait lui jouer. Le dernier tour de piste.

L'orchestre attaque les premiers accords de « L'amour existe encore ». Les danseurs s'amassent autour de la chanteuse, mêlent leurs corps au sien. Les musiciens ralentissent le tempo. La chanteuse se lève. Avec des frissons dans la voix, elle chante « The First Time Ever I Saw Your Face ». René la regarde, fasciné. C'est le chef-d'œuvre de sa vie. Il se laisse bercer par celle qui à présent le protège et l'emmène dans un autre monde. Il est rassuré. Mais voilà qu'on la soulève. Elle chante, elle vole. René transpire, suffoque de peur, se dresse. Il voudrait attraper la chanteuse par les jambes, la retenir.

« Céline ! »

Il tend les bras, ouvre les mains. Mais il n'attrape que du vent. Il n'a plus d'emprise.

« Céline ! Je voulais mourir dans tes bras ! »

L'orchestre se tait. René tombe. L'horloge cesse de battre la mesure du temps. Rien ne va plus. Les aiguilles tournent à toute vitesse, comme si l'horloge était une table de jeu. Elles s'immobilisent sur les chiffres trois et quatre.

Il est 3 h 20.

Rideau.

2

Un amour secret

En cet hiver 1981, rien ne va plus pour René Angélil. Il n'a toujours pas fait fortune au casino. Il croyait pourtant avoir mis au point le système infaillible permettant de faire sauter la banque dans toutes les maisons de jeux d'Amérique ! D'autre part, après deux mariages et trois enfants, il n'a pas encore trouvé la femme de sa vie. Et soudain, nouvelle catastrophe : Ginette Reno lui signifie son congé – Ginette qui est alors la chanteuse la plus populaire du Québec, une artiste dont il a soigneusement planifié la carrière internationale, pour laquelle il a investi tout l'argent qui lui restait.

À trente-neuf ans, il commence à se poser des questions. Aurait-il raté sa vie ? Certes, il a connu le succès en tant que membre du groupe yéyé Les Baronets. Il s'amusait alors comme un fou à chanter les premiers hits des Beatles en version française. Mais ça, c'était dans les années 1960. Et si les Beatles sont entrés dans l'histoire, Les Baronets n'ont guère laissé de trace.

René, pour sa part, a quitté le métier de chanteur – un chanteur sans talent particulier – pour devenir imprésario. Sa nouvelle carrière se présentait sous un jour prometteur. Il travaillait avec Guy Cloutier, un producteur et agent d'artistes rencontré à l'époque des Baronets.

Cloutier, un jeune producteur natif du lac Saint-Jean, était déjà une figure du show-biz québécois en 1974, quand il a fait appel à René Angélil. Il avait besoin d'être secondé dans sa tentative de pénétrer le marché américain. Il misait alors sur une découverte : le jeune René Simard, un garçon qui, dès l'âge de dix ans, avait séduit le Québec avec sa voix d'enfant et son charme irrésistible. Cloutier croyait en ses chances de faire de Simard une vedette aux États-Unis. Ce serait un tour de force, mais pourquoi pas ? Malheureusement, Cloutier avait un gros handicap : il ne parlait pas anglais. Angélil, lui, était parfaitement à l'aise dans cette langue. Cloutier lui a offert de participer à l'aventure.

La proposition tombait au bon moment et le nouvel imprésario s'est jeté dans le métier avec passion. Cette association devait se révéler déterminante pour la suite de sa carrière.

D'emblée, Cloutier a invité Angélil à l'accompagner à Tokyo où se tenait le Festival international de la chanson 1974. René Simard, alors âgé de treize ans, y était à l'affiche. À la grande surprise de tous, le jeune inconnu débarqué de nulle part a remporté le prix d'interprétation, le trophée Frank Sinatra. C'est Sinatra en personne qui lui a remis la récompense, non sans lui donner ce conseil :

« Ne vieillis pas trop vite, mon jeune ami. »

Cloutier et Angélil exultaient. Leur ambition était-elle sur le point de se concrétiser ? Les deux comparses ont fait la fête à Tokyo, puis à Paris où René Simard (le petit Simard, comme on l'appelait affectueusement au Québec) assurait la première partie de Daniel Guichard à l'Olympia. Il se produirait ensuite au Midem de Cannes. Le rêve américain s'est précisé encore plus nettement quand le nouveau phénomène de la chanson a été invité à passer à la télévision américaine aux côtés de Bing Crosby, de Bob Hope et d'Andy Williams qui acceptaient de l'accueillir dans leurs shows respectifs.

Désormais, les producteurs de disques s'intéressaient à René Simard. La direction de CBS a approché Cloutier et Angélil. Les discussions se sont engagées. À CBS, on était vivement intéressé. On souhaitait placer le chanteur sous contrat. Les agents de Simard ont été priés de dire leurs exigences.

Les deux complices s'étaient déjà mis d'accord sur le montant de cette transaction, et c'est René qui s'est chargé de répondre à CBS :

« Nous voulons 1 million de dollars. »

Ses interlocuteurs ont eu une réaction polie :

« On vous rappelle. »

Dans les années 1970, une telle somme était jugée si exorbitante, et même si farfelue, que CBS ne devait plus donner signe de vie.

Cloutier possédait à Montréal ses propres studios d'enregistrement. De retour au Québec, René Angélil a souhaité figurer dans l'organigramme du producteur en tant qu'associé. Refus de Guy Cloutier dont la réaction a créé un froid entre les deux hommes, et obligé Angélil à faire désormais cavalier seul.

René n'est pas homme à baisser les bras après un échec. Cet ex-sportif a plutôt l'habitude de revenir dans la partie avec une énergie décuplée. En même temps, il sait analyser un jeu. Il évite de commettre deux fois la même erreur. Avec Cloutier, il a appris à gérer ce phénomène si particulier qu'est la carrière artistique d'un enfant. Par exemple, pour Cloutier, les parents du petit chanteur devaient forcément être exclus de toute décision concernant la carrière de leur fils. Ceci pour la bonne raison que la famille, selon lui, n'y connaissait rien. Bientôt, quand viendra l'heure de gérer la famille Dion, et notamment la mère de Céline, René fera exactement le contraire. Angélil a tiré une autre leçon aussi de son expérience aux côtés de Cloutier : ne jamais essayer de faire monter les enchères face à une multinationale, surtout lors d'un premier contact aux États-Unis. C'est ainsi qu'il ne formulera aucune exigence auprès de CBS quand il s'agira de mettre Céline sous contrat. Résultat, après que la chanteuse aura atteint le sommet de sa popularité, c'est CBS elle-même qui viendra offrir à Angélil une fortune sur un plateau.

Donc, Ginette Reno lui donne son congé au moment même où il lui ouvre les portes du marché français, avec l'aide de l'auteur Eddy Marnay. Voilà longtemps déjà que Ginette réclame de nouvelles chansons ; puisqu'elle voulait des défis, elle va en avoir.

En 1981, Marnay n'est pas un débutant sur la scène internationale. C'est lui qui a donné à Édith Piaf « Les Amants de Paris ». On lui doit aussi les paroles de « La Valse des lilas » sur une musique de Michel Legrand. Sans parler de la dizaine de chansons qu'il a écrites pour Claude François, et de ses versions françaises des succès de Barbra Streisand. Bref, il a à son actif la bagatelle de trois mille morceaux. Voilà longtemps qu'il ne court plus le cachet, et qu'il travaille avec qui bon lui semble.

Or René Angélil lui plaît. Les deux hommes ont en commun des origines syriennes. Tous deux parlent l'anglais, le français et l'arabe. Ils ont su s'entendre très vite et Marnay écrit pour Ginette Reno. Mais le Québec intéresse Marnay à un autre titre : Suzanne Dumont, dite Mia. Il a rencontré cette attachée de presse à Bruxelles en 1979, lors du colloque international sur l'avenir de la chanson française. Coup de foudre ! Même séparés par un océan et vingt-cinq ans de différence d'âge, ils ne ratent pas une occasion de se retrouver tantôt à Paris, tantôt à Montréal.

Ginette Reno aussi vient de tomber amoureuse. Son amant s'appelle Alain Charbonneau, et elle a décidé de lui confier la gestion de sa carrière. De crainte de blesser René Angélil, elle suggère un partenariat entre les deux imprésarios. Mais René comprend que c'est toujours Charbonneau qui aura le dernier mot. Une fois de plus, la vie lui claque la porte au nez. Il n'en garde pas rancune à Ginette mais il admettra plus tard, lors d'une interview accordée à la chaîne TVA, le plus grand réseau de télévision privée du Québec :

« Sur le coup, oui ! j'ai été humilié. »

Adieu les rêves, les folies, le *big time*.

Après cette épreuve, René tourne en rond quelque temps. Il se demande s'il ne va pas abandonner le métier. Pourquoi ne pas reprendre des études ? Il songe à s'inscrire à la fac de droit. D'un autre côté, retourner sur les bancs de l'école à quarante ans…

Mais la vie n'hésite pas à vous mettre des bâtons dans les roues pour mieux vous mijoter un avenir meilleur.

René est tout à ses sombres ruminations lorsque le téléphone sonne.

« Monsieur Angélil ?

— Lui-même.

— Michel Dion, à l'appareil.

— Ah…

— Je sais que vous n'avez pas écouté la cassette de ma sœur. Parce que, si vous l'aviez écoutée, vous m'auriez appelé immédiatement…

— Écoutez, monsieur Dion, des cassettes, on en reçoit par centaines au bureau. J'aimerais beaucoup vous aider, mais…

— S'il vous plaît, monsieur Angélil. Ma mère, ma sœur, moi, tous nous admirons votre travail. Nous savons ce que vous avez fait avec Ginette Reno. Nous avons confiance en vous. Et ma sœur, Céline, n'est pas comme les autres. Je vous en prie, monsieur Angélil. Écoutez-la, sa cassette. Accordez-lui quelques minutes de votre temps. C'est une chanson originale, portée par une voix comme vous n'en avez jamais entendue. Et Céline n'a que douze ans ! Je m'y connais, monsieur Angélil. Je suis moi-même musicien et chanteur. Je donne des spectacles partout en province. J'ai votre promesse ?

— Oui. Vous l'avez. D'accord.

— Vous n'aurez pas à le regretter. »

Angélil a de gros soucis et il n'a aucune envie d'écouter les piaillements d'une gamine de douze ans. D'un autre côté, il sait qu'il n'a plus rien à perdre. Il retrouve la précieuse cassette.

Ils l'ont emballée comme ils l'auraient fait pour expédier une hostie dans sa custode ! René la glisse dans le lecteur… Il n'est pas religieux mais c'est carrément la voix d'un ange qu'il croit entendre s'échapper des haut-parleurs. Une voix qui le libère de toutes ses peurs. Qui le soulage de ses frustrations et de ses échecs.

Une fillette de douze ans… Angélil est perplexe. Quelqu'un ne se cache-t-il pas derrière elle ? Tout cela semble trop beau pour être vrai. Il décide d'en avoir le cœur net. Il décroche le téléphone. Compose le numéro inscrit sur le billet d'accompagnement, une note rédigée par Thérèse Dion, la mère du prodige : « C'est une jeune fille de douze ans qui possède une voix fantastique. » René a tout de suite Thérèse au bout du fil. Il l'invite à passer au bureau avec l'enfant.

« Ce n'était qu'un rêve » : tel est le titre du morceau que la mère et le frère de Céline ont composé pour elle.

On a raconté mille fois que René a prêté son stylo à la jeune fille en guise de micro pour interpréter cette chanson *a capella*. Mais ce que l'on ne dit jamais, c'est ce que l'imprésario – et l'artiste qu'il n'a jamais cessé d'être – a éprouvé quand il a entendu chanter la jeune Céline. L'enfant s'imaginait sur scène, devant un public innombrable. Et elle avait déjà du métier, du talent et de l'instinct – il est vrai qu'elle était née dans la musique. En quelques minutes, René Angélil comprend tout. Il reconnaît une âme, une énergie exceptionnelle. Des voix, il en a entendu ! Des voix de toutes les tonalités et de toutes les couleurs. Mais de cette voix-là, il perçoit immédiatement l'ampleur et la richesse – une voix que Céline, au fil des années, étendra à cinq octaves, si bien qu'un professeur de chant classique n'hésitera pas à l'apparenter à celle de la Callas. Surtout, elle lui parle directement, à lui René Angélil, et c'est la première fois qu'une pareille chose lui arrive.

Curieusement, René semble être le seul à lui trouver du talent. Mais il faut le dire sans détour : Céline Dion n'intéresse pratiquement personne dans l'industrie de la musique en 1981. Thérèse Dion pourrait d'ailleurs le confirmer : dès la fin des années 1970, elle a commencé à faire la tournée des producteurs de disques sans qu'aucun, ou presque, daigne exprimer le moindre intérêt.

Ce que ressent René Angélil, personne ne l'a encore ressenti.

Et, pour lui, c'est la dernière chance.

Le projet de reprendre des études de droit est déjà oublié. Plus question de freiner ses ambitions ! Ni de renoncer au *big time*. Il ne songe déjà plus qu'à éblouir le Québec et la France avec le trésor qu'il vient de découvrir. Il y mettra toute son énergie et tous ses moyens financiers – il y mettra même ceux dont il ne dispose pas. L'homme est transformé. Il mise tout ce qui lui reste sur la frêle jeune fille. Comme il le dira plus tard :

« Céline, c'était ma dernière chance. »

Jusqu'à ce jour, il n'a fait que s'amuser. Désormais, il travaillera jour et nuit. Son avenir est d'ores et déjà voué à Céline. L'amour connaît divers chemins et René les empruntera tous. Au début, il déploie une énorme énergie pour préparer, défendre et polir l'artiste. Il devient son pygmalion. Céline ne lui offre aucune résistance. Mais attention ! Elle ne se contente pas de le regarder tirer les ficelles : elle en prend de la graine.

Au début, elle se coule dans le moule proposé par René.

Il a tiré les leçons de ses expériences, et décidé qu'il s'occuperait de tout. Il ne fera aucune concession, n'acceptera aucune entrave. Céline sera en même temps sa création et son triomphe.

Reste à séduire la famille, mais ce n'est pas un problème puisque René sait s'y prendre avec les femmes. Toute sa vie, il a été entouré de femmes ! Il a vénéré sa mère, sa tante, sa grand-mère. Elles l'ont chéri, elles lui ont toujours pardonné ses frasques. Or la famille de Céline est dominée par les femmes, et surtout par la mère, Thérèse Tanguay-Dion, un personnage dont il saura se faire une alliée.

Accompagnée d'Anne Renée, son épouse, Angélil part pour Charlemagne, à la rencontre de la famille au complet. Les quatorze enfants sont présents. Ils sont ravis d'accueillir des vedettes du disque et de la télévision, et particulièrement heureux d'entendre René se dire ébloui par leur jeune sœur Céline, une enfant qu'ils regardent encore comme le bébé de la famille. René prend Thérèse à part, et lui dit solennellement :

« Madame, je me donne cinq ans pour faire de votre fille une star internationale. » Si les enfants boivent les paroles de l'imprésario, Thérèse Dion tient à garder la tête froide. D'abord, elle n'avait pas voulu d'un quatorzième enfant après la quarantaine. Puis, voyant l'enfant grandir, elle s'y était attachée, et même plus qu'aux autres, ce qu'elle refusait d'admettre, bien sûr. Cette femme solide, ambitieuse, a reporté sur sa petite fille ses rêves et ses espoirs. Lors de cette prise de contact, elle juge que René est l'homme de la situation, même s'il a l'intention de s'accaparer la carrière de Céline. Elle sait déjà qu'il sera le pygmalion de la petite chanteuse et elle y consent. Mais ce sera un pygmalion placé sous haute surveillance – la sienne.

Pendant ce temps, un homme s'inquiète de la tournure prise par les événements, un personnage que les biographies de Céline et de René ont occulté. Il s'agit de Paul Lévesque, un producteur qui a découvert Céline Dion bien avant René Angélil, et même signé une entente avec Thérèse Dion, un accord qui lui permettait d'agir au titre d'imprésario de la fillette alors âgée de onze ans.

C'est à Charlemagne, au Vieux Baril, que Lévesque a été impressionné par le talent vocal brut de Céline. Il n'était pas le dernier venu : il gérait déjà les carrières de plusieurs groupes et artistes québécois, tels Aut'Chose, Lucien Francoeur, Mahogany Rush et Luba. Pourtant, Thérèse Dion a estimé qu'il a trop tardé à faire démarrer la carrière de sa fille. Lévesque, qui n'avait pas la même approche que René Angélil, insistait pour que Céline concentre son énergie sur ses études. Sauf que les études étaient manifestement le dernier souci de la fillette : elle ne pensait qu'à chanter, elle séchait les cours.

D'autre part, Lévesque n'était pas amoureux de l'artiste Céline Dion. Il ne partageait pas ses rêves. Il ne cherchait pas à la séduire, pas plus qu'il n'essayait de plaire à sa famille. Il se comportait avec elle en père raisonnable. Il envisageait pour l'enfant une carrière normale, tout en ayant soin de lui assurer une bonne éducation. J'ai bien connu Paul Lévesque. C'est une bonne personne qui voulait le bien de sa protégée. Mais il n'a pas compris les Dion. Il n'a pas perçu le rêve de cette famille, un rêve fait de musique, de fête et de marginalité. Les Dion sont des oiseaux de nuit, des gens peu enclins à vivre comme tout le monde. Au départ, tous sont des Céline Dion ; mais seule Céline est devenue une star.

René, lui, se moque bien de l'école. L'anglais, le français, l'histoire, la géographie : Céline apprendra tout ça en voyageant en France et dans le reste du monde. Peu à peu, il écarte Paul Lévesque. Pendant quelques années, il lui accordera un pourcentage sur les revenus de l'artiste au titre de gérant associé, puis il mettra fin à cette association.

Mais son problème, pour le moment, c'est de ne pas rater cette relation toute neuve établie avec Céline. Pour lancer la carrière de la jeune fille, il souhaite provoquer un événement choc. Et il voit les choses en grand. « Il faut qu'on retienne son nom ! », dit-il. Afin d'obtenir ce qu'il y a de mieux à la télévision, il entre en communication avec Michel Jasmin, l'homme qui anime chaque soir le talk-show le plus populaire du Québec. Il lui a fait parvenir la cassette de Céline. Il lui suggère de l'inviter dans son émission. Son argument est qu'elle est appelée à entrer dans l'Histoire et que, la soutenant, Jasmin deviendra celui qui aura été le premier à la présenter au grand public. Jasmin se montre intéressé, mais il hésite :

« Tu sais, René, ici on invite des gens connus, des vedettes, ou des artistes qui ont un disque à lancer. Et puis, je vais avoir du mal à trouver des dates disponibles... Attendons un peu... » Ces atermoiements font perdre patience à René :

« Écoute, Michel ! Si Céline ne vient pas dans ton émission, je ne pourrai pas faire de disque ! Et tout sera fichu. » Michel Jasmin, qui ne souhaite pas gâcher une carrière naissante, finit par se laisser convaincre. Il invite Céline Dion à son émission du 19 juin 1981. Poursuivant son entreprise de séduction, René propose à l'auteur Eddy Marnay de l'accompagner à Charlemagne où ils rendront visite ensemble à la famille Dion. La rencontre est un succès. Les Dion tombent sous le charme du célèbre parolier. Il a déjà en tête quelque chose pour Céline. Afin de mieux la connaître, il la bombarde de questions sur sa vie au sein de la famille, ses rêves, ses ambitions, ses amis. La relation s'approfondit lors de rencontres organisées par maman Dion auxquelles René participe, évidemment.

Vient l'émission du 19 juin 1981. L'image de René au sein de la famille est encore renforcée par cet événement et par la présence d'Eddy Marnay dans le dispositif. Mais il y a plus, désormais : les compagnies de disques sont intéressées. Trans-Canada, notamment, accepte de débloquer un budget de 50 000 dollars pour produire non pas un, mais deux albums : *La voix du bon Dieu* et *Céline Dion Noël.*

Le lancement des disques a eu lieu à l'automne. À l'approche de Noël, Trans-Canada en a déjà vendu plus de 30 000 exemplaires. La machine de guerre déployée par René Angélil est en route. Pour d'autres jeunes interprètes, un tel succès aurait été fatal, mais pour Céline, c'est le contraire. Elle est aux anges. Elle assure pleinement. Elle est comme *libérée.*

Jusque-là, en effet, elle n'était pas comprise. La société l'ignorait. Elle ne trouvait sa place ni au sein de l'école ni dans son village. Sa vie, c'était la musique. Elle le savait déjà. Elle voulait chanter dans un groupe rock et disco, comme son grand frère Michel. Elle rêvait d'une immense carrière sans oser le dire. D'où les difficultés qu'elle rencontrait à l'école. Du reste, elle le confiera plus tard :

« L'école m'éloignait de ma famille et de mon rêve de chanter partout dans le monde. »

Il est vrai que la petite écolière n'était pas ménagée. On la traitait de vampire. On se moquait d'elle. On l'affublait de méchants sobriquets. Au secondaire, les choses n'ont fait qu'empirer. Une de ses camarades de classe m'a raconté :

« Elle nous disait qu'elle allait devenir une grande star. À ce moment-là, moi aussi j'aurais pu dire que j'allais devenir une grande star ! Pour qui se prenait-elle ?

« À la cantine, elle signait même des autographes ! Nous aussi, on lui en demandait un. Puis on le déchirait devant elle.

« Non, ce n'était pas méchant. On ne comprenait pas ce qui se passait, voilà tout. Les Dion étaient tellement pauvres. C'était la famille la plus misérable de Charlemagne. Des vrais *guenilloux*, comme on dit au Québec. Ils ne sortaient jamais. Et elle, elle venait nous raconter qu'elle voulait devenir une vedette ! Comment on aurait pu la croire ? »

Un autre de ses anciens condisciples me confie :

« À cette époque, Céline vivait sur une autre planète. » Il ne croyait pas si bien dire… Céline, à l'école, avait perdu contact avec la réalité. Elle ne vivait pas dans le même monde que les enfants de son âge. Elle était spéciale : elle ne fumait pas en cachette, elle ne courait pas après les garçons, elle n'essayait pas de boire ou de sniffer de la colle. En pensée, elle évoluait déjà dans la galaxie du show-biz. Ses frères et sœurs l'avaient deviné. René Angélil l'a compris à son tour.

Petite, Céline était déjà une reine.

Elle a renoncé à son enfance pour atteindre plus vite son rêve. À peine adolescente, elle parlait, pensait et agissait comme une adulte.

On a beaucoup insisté sur la pauvreté de la famille Dion. Il est vrai que Thérèse et Adhémar peinaient à nourrir leurs quatorze enfants entassés dans la maison trop petite de Charlemagne. Céline a-t-elle dormi dans un tiroir quand elle était bébé ? C'est tout à fait vraisemblable. Il suffit pour s'en convaincre de visiter leur maison : aujourd'hui, elle suffirait à peine à loger une famille avec deux enfants. Non, les Dion n'étaient pas riches. Les parents devaient travailler dur pour survivre. Mais la petite Céline n'a pas eu conscience de la misère. Elle chantait ! À cinq ans, elle était déjà la vedette de la famille. Une famille où tout le monde, d'ailleurs, faisait de la musique. Céline se produisait au Vieux Baril, un établissement de fortune dont son père était propriétaire et qui devait être réduit en cendres lors d'un incendie, quelques années plus tard.

À la naissance de Céline, les jumeaux Paul et Pauline avaient six ans et Denise, l'aînée, en avait vingt-deux. La petite dernière est immédiatement devenue la coqueluche du clan. Les plus grandes la considéraient comme leur chouchou, leur poupée chérie. Céline a donc connu une enfance heureuse. Ses frères et sœurs la protégeaient. Devenus adultes, alors qu'ils commençaient à rapporter de l'argent à la maison, ils ont continué à la gâter.

Pour les parents, la marmaille était trop nombreuse : ils jugeaient impossible de fréquenter d'autres familles. C'est pourquoi les Dion vivaient entre eux la plupart du temps. Ils restaient à la maison, ils accordaient leurs instruments, ce qui a fait le bonheur de Céline pendant des années. La chose, du reste, s'explique aisément. Céline, chez elle, n'était en compétition avec personne. Tous la regardaient d'emblée comme une princesse parce qu'elle était la plus petite, la dernière arrivée ; et aussi parce qu'ils percevaient chez elle les premiers signes du talent.

Ses difficultés pour s'intégrer à l'école étaient grandes. Devenue célèbre, elle a pu regretter de n'avoir pas reçu, de la part de l'institution scolaire, les enseignements qu'elle eût mérités. Mais la vérité, c'est que rien ne la préparait à affronter cet univers-là. Sa famille ne l'a pas aidée à développer les mécanismes de défense nécessaires à qui veut s'entendre avec ses semblables. Elle n'en avait nul besoin. Elle était déjà au firmament. Elle avait déjà conquis le monde.

René Angélil, lui, a fréquenté l'école. Il est allé jusqu'à l'enseignement supérieur, il a suivi des études commerciales. Quand il découvre Céline, en 1981, il perçoit immédiatement le monde intérieur qui habite la fillette de douze ans. Il devine qu'il est tombé sur une pierre précieuse, ô combien fragile. Il sait, il sent que la frêle jeune fille n'est pas rompue à la vie quotidienne en société. Il a l'intuition qu'elle a besoin d'être encadrée, et qu'il ne faudra surtout pas briser ses rêves.

En effet, la petite Céline rêve beaucoup plus que les enfants de son âge. Elle est déjà capable de se créer un univers, et peut-être même est-ce là son plus grand talent. René, qui fonctionne à l'instinct, décide que la solution consistera à traiter sa protégée comme une reine, la reine qu'elle est depuis toujours. De plus, Thérèse Dion est là pour veiller sur Céline jusqu'à sa majorité, et même au-delà.

C'est à l'intérieur de ce cadre que travaillera René Angélil. Céline consacrera entièrement sa vie à la réalisation de son ambition. Elle s'immergera dans la chanson tandis que lui seront épargnés les soucis financiers, les problèmes familiaux et les difficultés ayant trait à l'organisation des spectacles. Son imprésario s'occupe de tout. Et jamais il ne perd patience. Il assiste à l'ascension de la reine vers son destin sans jamais commettre le moindre délit de lèse-majesté.

*

Le Japon a toujours porté chance à Céline et René.

René se souvient qu'il a permis au jeune René Simard d'y remporter le prix Frank Sinatra dans les années 1970. Quoi de plus naturel que d'y emmener Céline Dion ? Il possède tous les contacts nécessaires. Il n'avance pas en terre inconnue.

Le concours réunit des candidates venues de divers pays. Céline fait bonne impression. Elle atteint les demi-finales. C'est alors qu'elle trouve un jeton d'une valeur de cinq yens. Tout de suite après, elle apprend qu'elle chantera au cinquième rang lors des finales. René est superstitieux. Céline aussi. Tous deux sont hantés par les chiffres. Leur culte du chiffre cinq ne se démentira jamais. Ils prendront l'habitude d'organiser une fête tous les cinq du mois. Ils renouvelleront leurs vœux le 5 janvier 2000. Ils salueront la naissance de René-Charles le 25 janvier et celle des jumeaux Nelson et Eddy le 23 octobre : 2 + 3 = 5. Ils lanceront même une chaîne de restaurants baptisée Nickels, comme la pièce de cinq cents.

En octobre 1982, Céline est âgée de treize ans – le même âge que René Simard quand il reçoit le trophée Frank Sinatra. Elle remporte sa première victoire à l'international en recevant la médaille d'or au Yamaha World Popular Song Festival pour son interprétation de « Tellement j'ai d'amour pour toi », une chanson écrite par Eddy Marnay. L'événement fait les gros titres de la presse québécoise. Céline reçoit les félicitations personnelles du Premier ministre René Lévesque. Pourtant, ce sont les couleurs de la France que la chanteuse a défendues dans cette prestigieuse compétition, face à douze mille spectateurs et des millions de téléspectateurs japonais ! Mais la reconnaissance du Québec lui est acquise en cette année 1982. Céline devient l'enfant chérie de la Belle Province. Et René Angélil, dont le bureau croule sous les invitations, prépare déjà le Midem de janvier 1983, avec une participation à l'émission « Champs-Élysées ».

Dans le milieu du show-biz, le succès peut facilement se révéler un feu de paille, et c'est précisément ce que redoute René. Hanté par le souvenir douloureux de Ginette Reno, il décide d'exercer une emprise totale sur sa nouvelle protégée. Il ne saurait être question pour lui de laisser les amourettes de jeunesse ou les écarts d'adolescence saboter une carrière aussi prometteuse. Il ne la laisse pas même s'attacher à un simple ami de passage. Et il reste présent pendant les interviews – elles sont de plus en plus nombreuses –, afin de surveiller la chanteuse et corriger ses réponses. Aux journalistes qui s'intéressent à ses fréquentations, Céline répond : « Il faut que je pense à ma carrière. Je ne dois pas me laisser piéger par l'amour. »

Ce qui ne l'empêchera pas en 1983 – quelques mois plus tard, donc – de faire allusion à son « prince charmant ». Elle approche alors de ses quinze ans. Elle évoque « un beau jeune homme aux cheveux blonds et bouclés, au regard envoûtant, aux manières élégantes, à la distinction évidente… ». Mais elle s'empresse d'ajouter :

« Je ne m'engagerai pas avec un homme avant d'avoir vingt-trois ou vingt-quatre ans. Je pourrai même repousser mon mariage jusqu'à trente ans si nécessaire. »

À propos de mariage, elle dévoile ses projets :

« Je voudrais un mariage d'amour. Dans la grande église ! Avec mes vrais amis. Un grand mariage en blanc avec celui qui m'aimera pour la vie. »

C'est ainsi qu'elle voit les choses en 1983.

Anne Renée, l'épouse d'Angélil, apparaît dans cet article. Elle seconde son mari dans son travail d'imprésario. Elle laisse échapper un commentaire qui prend aujourd'hui une importante signification. Interrogée sur ses liens avec Céline, elle dit partager avec elle une « certaine intimité ». Elle révèle que Céline et elle sont « liées par le même homme et le même métier ».

Dix ans plus tard, Céline lèvera le voile sur l'attachement profond qui l'unit à un homme qui n'a pas de boucles blondes, qui n'est certes plus un beau jeune homme, mais qui possède un regard envoûtant, des manières élégantes et une forte distinction.

Pour Céline, l'heureux imprésario choisit les meilleurs musiciens, les meilleurs compositeurs et paroliers, les meilleurs restaurants et les meilleurs hôtels. Mais les voyages se font toujours avec la mère de la chanteuse, et quelquefois avec ses deux parents. En janvier 1983, c'est la famille au grand complet qui se déplace pour l'émission « Champs-Élysées ». Les parents et leurs quatorze enfants occupent tout l'écran. On n'avait jamais vu ça depuis Mireille Mathieu ! Or Mireille aussi a grandi à la campagne, au sein d'une famille nombreuse. D'ailleurs, la voix de la petite Céline ne fait-elle pas penser à celle de Mireille Mathieu ? Beaucoup de Français le pensent.

Encore les grands hôtels, les meilleurs restaurants. Désormais, Angélil ne supporte plus les demi-mesures. Rien ne doit jamais être de mauvaise qualité. Surtout pas à Paris !

Plus tard, René Angélil confiera à ses biographes :

« Dès le début, je me comportais comme un millionnaire. Quand j'avais une décision à prendre concernant Céline, je me demandais ce que je ferais si j'avais un million en poche. C'est ce que j'ai fait en 1983, quand on m'a proposé un gros montant pour une tournée avec Céline. Je me suis dit que, si j'avais un million, je refuserais cette proposition parce que Céline n'était pas prête. Alors j'ai refusé. » En fait, un producteur québécois lui a proposé la coquette somme de 350 000 dollars pour une tournée dans les grandes villes du Québec et des spectacles en Ontario et au Nouveau-Brunswick. Et René aurait eu alors d'excellentes raisons d'accepter ! En effet, la même année, il devait déposer le bilan et déclarer une faillite de 257 510 dollars. Céline, à l'époque, n'en a rien su. René ne change pas de comportement. Il refuse de voir la chanteuse souffrir la moindre insécurité financière. Il la veut constamment heureuse, choyée et épanouie, à même de donner le meilleur d'elle-même. Je pense aussi qu'il redoutait de la décevoir et de la perdre. Sa société, TBS, était inscrite au nom de sa femme, Anne Renée.

Anne Renée joue un rôle important dans la carrière de Céline.

Après « Champs-Élysées », le succès ne se dément pas et la chanteuse québécoise obtient en France un disque d'or pour « D'amour ou d'amitié ». Angélil prépare la prochaine étape. Souhaitant modifier l'image de sa jeune protégée, il confie cette tâche à son épouse. Anne Renée emmène Céline dans les boutiques à Paris et à Montréal. Elle lui apprend le maintien, la gestuelle et le choix des vêtements. Céline développe alors une passion pour le shopping, tant au Québec qu'en France. Anne Renée la conseille aussi sur une nouvelle façon de se tenir sur scène.

Anne Renée veille également aux destinées du chanteur Peter Pringle qui a confié sa carrière à TBS. Dans les années 1980, Pringle est un chanteur fort populaire au Québec. Il est souvent en tournée. Anne Renée a noué avec lui des relations étroites. De son côté, René Angélil se concentre sur l'ascension de Céline, au point d'oublier le reste. Céline, d'ailleurs, ne jure que par René. Elle ne parle que de lui. Seul René l'intéresse. Maman Dion, qui a constamment un œil sur sa fille, comprend que la petite est attirée par son imprésario. Elle se dit que ça lui passera. Elle estime que ce penchant est normal, vu les circonstances. La chanteuse et son protecteur passent leur vie ensemble ! Et Céline n'a jamais eu l'occasion de fréquenter un garçon de son âge. Thérèse pense que Céline finira bien par rencontrer quelqu'un. De toute façon, tout le monde a d'autres soucis en tête puisque Céline se prépare à être reçue par le pape en personne !

*

Après l'odyssée parisienne, Céline est de retour au Québec où elle entreprend une tournée. Le spectacle qu'elle donne en mai 1983 à la Place des Arts de Montréal est un événement. Il est produit par l'Association québécoise de la fibrose kystique. Cet organisme, fondé en 1960, a ouvert une section québécoise en 1981, l'année qui a vu Céline faire ses débuts. C'est la première fois que l'AQFK procède ainsi pour lever des fonds. Mais Céline avait accepté dès 1981 de devenir la marraine de l'Association, en compagnie du poète, auteur et compositeur Gilles Vigneault.

Pour Céline, il ne s'agit pas seulement de soutenir une bonne œuvre. En effet, la fibrose kystique est une vieille histoire chez les Dion. Céline a appris très jeune à reconnaître les symptômes de cette maladie, ainsi que son évolution. Elle n'a que neuf ans quand sa sœur Liette débarque à la maison avec dans les bras un bébé de neuf mois. L'enfant, une petite Karine, semble malade. Elle a des diarrhées depuis plusieurs jours. Elle est d'une pâleur inquiétante. Grand-maman Dion la prend. Après l'avoir changée, elle dit à sa fille :

« Ce bébé goûte salé, ce n'est pas normal. » Elle a raison. Le bébé est souffrant. L'hôpital Sainte-Justine diagnostique une fibrose kystique. Et le médecin prévient Liette :

« Votre fille ne vivra pas plus de deux ans, peut-être trois mais c'est le maximum. »

Liette est effondrée. Ronald Ménard, son mari, également. Karine retrouve ses parents après un court séjour à l'hôpital, et l'épreuve est partagée par toute la famille.

Liette commence à consulter des ouvrages et se renseigne sur la maladie du bébé. Ses frères et sœurs aussi font la chasse aux informations. Quelle est l'origine du mal ? Quels soins prodiguer ? On sait que l'affection touche les voies respiratoires et le système digestif. La petite malade devra grandir en ingurgitant des quantités de remèdes, et elle ne pourra pas respirer sans un masque à oxygène.

Céline, très marquée par la maladie de sa nièce, s'émerveille de la voir grandir et embellir en dépit de sa maladie. Elle puise chez ce petit être souffrant des forces qui la soutiendront toute sa vie. En 1983, on constate que Karine a déjà tenu le coup six ans ! Les médecins ne lui en donnaient pas tant. N'est-ce pas la preuve que l'espoir est permis ?

Céline participera ensuite à Québec aux célébrations du 350e anniversaire de la venue de Jacques Cartier en

Amérique. Son spectacle attirera 40 000 spectateurs, soit 10 000 de plus que le groupe québécois Beau Dommage qui effectue un retour surprise après une retraite de quelques années. Il faut dire que René Angélil a pris toutes les dispositions pour mettre en valeur sa vedette. Il a retenu les services de vingt-trois musiciens et de quatre choristes. Quant à Céline, à seize ans, elle maîtrise déjà la scène et les larges auditoires. Les critiques n'hésitent pas à parler de sa meilleure performance.

À l'automne, Céline n'a jamais été aussi nerveuse. Préparer un spectacle n'est rien, comparé à ce qui l'attend. En effet, le 11 septembre 1984, elle a rendez-vous au Stade olympique de Montréal avec le pape Jean-Paul II et soixante-cinq mille jeunes. Elle y interprétera le morceau « Une colombe ». Elle avouera à l'issue de la fête :

« J'avais des trémolos dans la voix, mes genoux s'entrechoquaient et je n'ai pas dormi de la nuit tant ça m'a marquée. J'avais rêvé de plein de choses dans ma carrière ! Je me disais que je chanterais peut-être un jour devant la reine ou à la Maison Blanche… Mais chanter pour le pape ! Je n'aurais jamais osé même l'imaginer. »

Dès lors, Céline devient la colombe porteuse d'espoir. Elle chante les nobles sentiments. Elle est sans reproche et sans tache. Pour toutes les mères catholiques, elle incarne l'enfant idéal.

Et pourtant, le feu de la passion la dévore. À l'intérieur, elle n'a rien d'une innocente colombe. Car elle a vu Michael Jackson, son idole, se produire sur scène. C'était au Stade olympique de Montréal, encore. Le spectacle s'intitulait « The Victory Tour ». Et Céline, au premier rang, a vibré de tout son être.

Éblouie, elle confie à René que c'est le genre de musique qu'elle veut faire. Et dès que possible.

René Angélil se montre moins impatient. Il répond qu'il ne faut pas brûler les étapes. Il sait parfaitement que Céline, aux yeux du public, est la candide interprète d'« Une colombe ». Les fans de Céline Dion accepteront-ils facilement de la voir se déhancher sur des rythmes sexy ? En même temps, il n'ignore pas que le show-biz a changé. Il sait que la famille Jackson est en train de révolutionner l'industrie du spectacle en présentant un rock mieux structuré, plus accessible, plus rassurant. On est loin désormais du rock délinquant. L'époque « Sexe, Drogue et Rock'n'roll » est révolue. René observe que Céline est en train de devenir une femme et qu'elle sera inévitablement amenée à évoluer, à épouser ce mouvement, tout en prenant sa vie en main tandis qu'il s'occupera, lui, de sa carrière. Cet épisode permet à René de mesurer la différence d'âge qui le sépare de sa protégée. Il observe qu'elle s'adapte aux changements de son époque.

Avant de changer de style, elle devra se soumettre au plan élaboré par René Angélil. En novembre 1984, elle tente une première percée en France en se produisant à l'Olympia, en vedette américaine, dans le spectacle de Patrick Sébastien. Elle aurait pu être elle-même la vedette de cette production, mais René préfère que la conquête du public français se fasse graduellement. Elle assurera donc la première partie de la soirée. Le projet s'étend sur deux mois, le premier à Paris et le second en province.

L'expérience ne sera pas facile pour la chanteuse. L'auditoire est moins attentif. Et surtout, c'est la vedette, Patrick Sébastien, qu'attendent les spectateurs impatients. Pourtant, Céline tient bon. Soir après soir, encouragée par René, elle va chercher l'adhésion d'un public qui, peu à peu, est séduit. À l'issue de la tournée, elle admet :

« C'est une expérience qui a été profitable pour moi. »

Elle a appris à connaître le public français.

De son côté, l'animateur Patrick Sébastien semble avoir gardé un souvenir amer de cette collaboration. Il y fait allusion dans son livre *Comme un poisson dans l'herbe*[1]. Il dit regretter de n'avoir pas eu un vrai contact avec une superstar qu'il est l'un des premiers à avoir fait connaître en France.

« Son visage n'était pas gracieux, écrit-il. Elle avait les sourcils épais et les canines agressives. »

Il admet toutefois être tombé sous le charme du talent vocal développé par Céline. Ce qui sera aussi le cas de Michel Drucker :

« La voix était étonnante. Pas forcément exceptionnelle, mais suffisamment touchante pour que je lui propose de faire la première partie de mon spectacle à l'Olympia. »

Quand Céline est de passage en France pour faire la promotion de ses spectacles ou de ses disques, elle ne manque jamais de se rendre sur les plateaux de Michel Drucker. Cependant elle ne participe pas aux émissions de Patrick Sébastien, telles que « Le Plus Grand Cabaret du monde » ou « Les Années bonheur ». Il a essayé de renouer avec elle, mais on lui a fait savoir que c'était compliqué. Le populaire animateur écrit dans son livre :

« Je n'ai plus de contact… C'est comme une amnésie totale qui m'a blessé. »

1. XO Éditions, Paris, 2013.

Pourtant, René Angélil n'a guère l'habitude d'oublier les amis.

Céline profitera de ce séjour en France pour lancer un deuxième album : *Les Oiseaux du bonheur.*

De retour au pays, elle voit s'ouvrir une nouvelle étape de sa carrière. Nous sommes alors en 1985, et sa première tournée au Québec va lui permettre de devenir une véritable artiste de scène. Elle s'y est longuement préparée, sans rien laisser au hasard, et en prenant notamment des cours de chant et de danse avec Peter George.

Jusque-là, Céline a toujours présenté des spectacles ciblés : la cause des malades atteints de fibrose kystique, l'événement Jacques Cartier au Vieux-Port de Québec, la visite du pape à Montréal. Désormais, c'est la grande artiste de scène qui doit entrer en jeu. Le défi est de taille. La tournée, qui débute le 26 mars, est prévue pour se rendre dans vingt-quatre villes du Québec et s'achever à Montréal dans la salle Wilfrid-Pelletier. Lors de la conférence de presse annonçant le lancement de l'opération, elle déclare aux journalistes avec sa franchise habituelle :

« Non, je n'ai pas le vertige, et je n'éprouve aucune angoisse particulière avant d'entreprendre cette tournée. Quand on se sent bien, quand on est bien entouré, on n'a pas le vertige. René Angélil a été un artiste et il me comprend. Je me sens en sécurité avec lui, et il y a ma mère qui m'accompagne toujours. Sa présence est importante.

« J'avoue que j'aurais vraiment aimé faire de la scène ces quatre dernières années. J'ai vécu comme un sacrifice incroyable le fait de ne pas faire de spectacle. Mais aujourd'hui, je sais que je n'avais pas tous les atouts nécessaires. Je comprends l'attitude de mon gérant, quand il m'a imposé cette restriction. »

Par la suite, René Angélil esquissera un bilan de carrière concernant sa protégée :

« Jusqu'à maintenant, tous nos efforts ont été consacrés à la réalisation de ses disques. Nous recherchions la qualité. À présent que nous l'avons fait, nous passons aux spectacles et, là aussi, toujours en visant la même qualité. »

Et les projets pour la France ?

« Il n'est pas question de présenter des spectacles en France pour le moment. Céline n'est pas encore prête pour la France. Il faudra attendre un an, un an et demi. Ici, elle a sept microsillons alors que là-bas, elle n'en a que deux. Mais ne vous impatientez pas. D'ici deux ou trois ans, Céline sera l'une des plus grandes chanteuses du monde. »

L'imprésario ne laisse pas transparaître la moindre hésitation. On pourrait croire que la carrière de Céline est écrite dans le ciel. En réalité, ce n'est pas si mystérieux : Céline travaille sans relâche, elle s'acharne à suivre des cours de chant et de danse, elle apprend jour après jour à poser sa voix. Lors du bombardement médiatique qui annonce sa tournée, elle s'affirme encore davantage, semble plus consciente de son apparence et n'hésite pas à s'exprimer sur ses vieux complexes :

« Il faut qu'une femme soit un peu sexy, non ? C'est bien beau de chanter, mais il faut être belle, et se sentir bien dans sa peau. J'aurais voulu avoir de belles dents mais on ne peut pas tout avoir. Ça me fatiguait. Je mettais toujours ma main devant ma bouche. J'avais un gros complexe. »

Des soins d'orthodontie ont corrigé ce défaut et Céline peut désormais sourire franchement au photographe de *La Presse.* Le reporter en profite pour lui remettre une photographie de Michael Jackson, et elle serre ce portrait contre son cœur comme si c'était le plus beau des cadeaux. À seize ans, elle ne demande qu'à ressembler aux filles de son âge.

La tournée prévoyait donc vingt-quatre représentations dans des villes aussi éloignées les unes des autres qu'Amos, Trois-Rivières, Rimouski, Québec, Sherbrooke, Edmundston et Montréal. Fin mai, elle atteindra finalement le total de quarante-deux spectacles ! Et l'automne en verra venir trente-cinq de plus. C'est un franc succès. Céline peut savourer sa victoire. Elle a réussi à émouvoir le critique de variétés que j'étais alors, à une époque de grande effervescence sur les scènes québécoises. Voici ce que j'écrivais après le spectacle de Céline à la salle Wilfrid-Pelletier, à Montréal :

« Abandonnez-la pendant quelques mesures au rythme de la musique et ce n'est plus la même personne. Elle se détache, bouge d'une façon différente, même la voix transpire. Nous sommes loin des comportements empruntés, et c'est encore mieux qu'une voix, c'est un tempérament…

« Évidemment qu'elle a repris ses succès sur disques… mais Céline Dion, c'est plus que des disques d'or ou de platine, c'est déjà un personnage de scène. Et dire qu'elle semble encore l'ignorer. Quand elle saura, attention au virage ! »

J'avais vu à l'automne un autre spectacle de Céline à Québec, et je m'étais particulièrement intéressé à René qui m'avait invité et qui était assis à côté de moi. Il faut voir René regarder Céline pour saisir la fusion qui existe entre ces deux personnes. Dès que le spectacle commence, l'homme coupe toute communication. Impossible d'échanger un mot avec lui. Il est subjugué, illuminé, en totale communion avec la chanteuse, l'interprète, la femme de sa vie. Le spectacle se voit dans ses yeux. Les émotions de Céline se lisent sur le visage de René. On ne peut encore parler d'amour, mais…

Fin 1985, après la tournée, c'est l'explosion. Céline entre en studio pour enregistrer l'album *C'est pour toi*, composé par Eddy Marnay. D'ordinaire, que ce soit sur scène ou sur disque, elle est intense. Or, tout à coup, elle a l'air de chanter machinalement. On perçoit même un fond de tristesse dans sa voix, peut-être dans son attitude aussi. Et cet état d'esprit s'accentue encore quand Anne Renée apparaît derrière la vitre du studio. Car Anne Renée, désormais, est devenue une rivale. Écoutons Céline se confier alors à une consœur :

« Quand elle arrivait, je chantais mal. Heureusement qu'elle ne venait plus voir mes spectacles ! »

Le cœur de Céline a éclaté. Elle ne pouvait plus contenir son amour pour René Angélil, son professeur, son maître à penser et son imprésario.

« Je me suis tue trop longtemps », confiera-t-elle à Denise Bombardier qui prépare un livre intitulé *L'Énigmatique Céline Dion*. D'ailleurs, elle ne tardera pas à ouvrir son cœur au principal intéressé.

Angélil est à Paris à ce moment-là. Son couple avec Anne Renée traverse des moments difficiles. Il ignore tout des sentiments de Céline à son égard. Certes, lui-même n'est pas insensible au charme de sa protégée, mais il estime qu'elle est encore trop jeune pour qu'il soit question d'une liaison entre elle et lui. De toute façon, il a tout misé sur la carrière de Céline, et il ne songe pas à briser sa propre famille, même s'il ne s'entend plus avec sa femme.

Le 10 décembre 1985, Anne Renée dépose à la cour une demande de divorce. Elle décrit des frustrations et des déchirements qui durent depuis le mois de mars. Elle demande la garde des enfants.

Plus tard, René apprendra qu'elle aime un autre homme. Il est anéanti. Cessant toute activité pendant plusieurs semaines, il s'efforce de recoller les morceaux, de remettre à flot un couple brisé par le travail, l'éloignement et les différences de projets. Anne Renée n'a pas l'ambition démesurée de son mari. Elle rêve plutôt d'une vie de famille tranquille et confortable.

Céline a toujours été tenue à l'écart des soucis financiers que son imprésario connaît depuis cinq ans. Elle découvre soudain qu'il a déjà fait faillite et qu'il a dépensé pour elle toute sa fortune. Ainsi, René a subi tous ces ennuis pour pouvoir lui offrir, à elle, une vie de luxe et d'abondance qui dépassait largement ses moyens ! Céline vit cette révélation comme un hommage. René lui a fait confiance, il a cru en ses rêves. N'est-ce pas une preuve d'amour irréfutable ? Et qui vient confirmer le sentiment qu'elle-même éprouve avec toujours plus de force ? Pour elle, une véritable libération s'annonce, le déclenchement d'une passion trop longtemps contenue. Elle reviendra plus tard sur cet épisode :

« Je ne sais pas quand je suis tombée amoureuse de René, mais ce n'est sûrement pas à l'âge de douze ans quand je l'ai vu pour la première fois. »

Elle n'ose le dire mais l'amour l'a touchée à dix-sept ans. Elle a découvert alors qu'elle aimait René. Certes, il avait vingt-six ans de plus qu'elle, mais lui seul avait le pouvoir de la rendre heureuse, et il en irait toujours ainsi.

À l'époque, René ne se doute de rien. Il continue de regarder Céline comme une mineure immature, une enfant qui n'a pas vécu, qui en tout cas ignore tout de l'amour. Alors que lui a déjà souffert.

Et il découvre soudain qu'il a été trompé.

La presse people a déjà parlé des amours extraconjugales d'Anne Renée. La rumeur a évoqué une liaison avec Peter Pringle, le beau chanteur dont elle est l'imprésario. Mais aujourd'hui, c'est d'un autre homme qu'il s'agit. Anne Renée, en fait, est éprise du batteur Michel Fauteux. Ce dernier joue avec Pringle et dans la formation qui accompagne Céline Dion.

J'ai rencontré Michel Fauteux alors que j'écrivais une biographie non autorisée de Céline Dion. L'homme ne jouait plus dans cette formation, bien évidemment. Il n'était même plus musicien. Il m'est apparu hanté par de douloureux souvenirs :

« Tout a commencé le 21 février 1985, pendant la tournée de Pringle. Anne Renée m'a fait des confidences, puis des avances. Elle disait que son mari la négligeait. À vrai dire, elle ne m'intéressait pas du tout. Je sais que j'aurais mieux fait de résister, de l'éviter, mais bon… »

À la même époque, Anne Renée est épiée et pourchassée par les médias. Décidée à faire face, elle confirme à la journaliste Claire Syril qu'il est difficile de travailler avec son mari :

« Je ne pouvais être à la fois la femme et l'associée de mon mari. René ne voyait en moi que sa partenaire professionnelle. Les enfants n'ont jamais été habitués à être avec nous deux en même temps, car nous partions en voyage à tour de rôle pour les affaires... Il me fallait agir ainsi car je ne voulais pas dépendre financièrement de leur père. J'ai même renoncé à ma pension alimentaire. »

Fait important, elle précise dans l'article qu'elle a cédé à son époux toutes les parts qu'elle détenait dans TBS, afin de montrer, par ce geste, son « total désintéressement ». À propos de Céline Dion, la journaliste précise :

« La carrière florissante de Céline Dion a pris de plus en plus de place dans leur vie de couple. Les départs se sont multipliés, suivis de retrouvailles marquées par une indifférence toujours plus évidente. »

Mais Anne Renée, en fait, avait renoncé à sa carrière, à son indépendance financière et à son statut professionnel pour ressouder le couple qu'elle formait avec Angélil. Elle était tout à fait en droit de s'attendre à un effort en ce sens de la part de son mari. C'est d'ailleurs ce qu'il lui avait promis sincèrement.

Cependant, après quelques semaines, il doit se rendre à l'évidence. En dépit de ses bonnes intentions, il lui est impossible de négliger la carrière de sa protégée. Le devoir l'appelle à Paris où commence la promotion du dernier album de Céline, *C'est pour toi*. Il est attendu par Eddy Marnay, Michel Drucker, maman Dion et Céline. Il part en promettant de rentrer dès que possible à la maison. Il n'est pas question qu'Anne Renée abandonne les enfants pour le rejoindre en France.

Anne Renée est déçue. Elle l'est encore davantage le 14 décembre, quand Angélil lui annonce qu'il envisage de faire la tournée des casinos de Las Vegas. Il ajoute, conciliant :

« Viens avec moi. Ça te changera les idées. »

Anne Renée refuse. C'est le début de la fin. Cette fois, il lui faut l'admettre : elle a perdu la partie, rien ne sera plus comme avant. Elle doit faire une croix sur la paisible vie de famille dont elle avait rêvé. Le tourbillon du show-biz a eu raison de ses projets. Elle a horreur désormais des sorties et des fêtes qui l'éloignent de ses enfants.

Elle quitte le domicile conjugal en cette fin d'année 1985, et entreprend immédiatement les procédures de divorce. Michel Fauteux raconte :

« Notre relation s'est poursuivie. Nous avons vécu une passion du genre montagnes russes. Anne, qui venait de laisser tomber son gagne-pain, était dans tous ses états. J'ai souvent tenté de mettre fin à notre relation, mais elle me tenait à sa merci par des menaces et des tentatives de suicide…

« En octobre, je n'ai pas été fâché de la voir retourner auprès de son mari et de ses enfants. Mais elle est revenue. La tentative de réconciliation n'avait pas marché. Puis elle a décidé de partir en vacances. C'est à ce moment-là que je suis tombé amoureux d'elle. Sauf que quelqu'un, au Club Med, lui a présenté Mark McClellen, un pilote d'American Airlines. C'était fini entre nous. J'ai eu mal. Nous sommes restés amis un certain temps. Le couple m'a même invité à passer les vacances sur leur voilier en Californie. J'ai répondu à Mark : *"She's your problem now."* »

Quand j'ai rencontré Michel Fauteux, il y a quelques années, il s'apprêtait à quitter l'appartement qu'il avait partagé avec Anne Renée. Il éprouvait le besoin de mettre de l'ordre dans sa vie. Il raconte :

« J'ai mes responsabilités, mais au final, j'ai facilité l'union de Céline et René. Si sa femme ne l'avait pas laissé, René ne l'aurait jamais quittée pour Céline. C'est un homme de principe, de fidélité. Et je dis ça en sachant qu'il me hait pour le reste de ses jours. »

Anne Renée épousera Mark McClellen à Montréal, à l'église de l'Immaculée Conception, lors d'une cérémonie célébrée par le père Marcel de la Sablonnière. Elle s'intéressera à la production audiovisuelle et réalisera un clip mettant en vedette Céline Dion.

*

Un malheur n'arrivant jamais seul, René Angélil apprend que les ventes de l'album *C'est pour toi* sont décevantes. Moins de 50 000 exemplaires ! Alors que *Mélanie,* le microsillon précédent, avait dépassé les 150 000. Mais Céline a changé. Et René avait déjà compris, en écoutant le dernier enregistrement, que les chansons proposées par Eddy Marnay ne convenaient plus. Ce n'était déjà plus le style de Céline. René pense aussi aux critiques : eux savent qu'elle doit maintenant passer à autre chose. On lui reconnaît du talent, ainsi qu'une magnifique présence sur scène. Elle mérite mieux que des chansons à l'eau de rose. René approuve le point de vue des critiques. Lui aussi a senti le vent tourner, bien avant eux.

Mais briser le cœur d'un homme qui est plus qu'un ami, quasiment un père, lui dire que Céline a besoin d'un style nouveau, plus jeune, plus moderne…

René pense à Luc Plamondon qui a déjà transformé, entre autres, les carrières de Diane Dufresne, de Julien Clerc ou de Catherine Lara. Luc est-il la bonne personne ? Et comment faire pour garder Eddy Marnay ? René a encore besoin de lui, de sa présence, de ses conseils.

Marnay se montre peiné. Il regrette de ne plus être l'auteur attitré de Céline. Il craint aussi que les fans de la chanteuse ne suivent pas le mouvement. Mais René parvient à le convaincre. Il lui dit qu'il y aura toujours une place pour lui dans le dispositif. Le nom d'Eddy figurera dans les prochains enregistrements…

Mais il y a autre chose.

Les deux hommes ont souvent parlé des femmes, ce mystère. Marnay a vingt ans de plus que René. Il lui a déjà prodigué de nombreux conseils sur les femmes, les enfants, la vie de famille. René lui dit tout : Céline l'aime, elle le veut entièrement à elle. Et lui aussi est attiré par elle. Mais il a peur de tout détruire. Il se perd en conjectures. Une fois de plus, il demande conseil à Eddy.

Lequel a peu à dire. Lui-même est parfaitement heureux. Il s'épanouit dans sa relation avec Mia Dumont, la femme de sa vie, en dépit des vingt-cinq ans de différence d'âge qui les séparent. Il dit simplement :

« L'amour, René, n'a jamais rien détruit. »

*

À l'automne 1985, Céline chante au gala de l'Adisq, un événement qui met en valeur les talents à l'œuvre dans l'industrie québécoise du disque. Elle y remporte cinq Félix. À chaque remise du précieux trophée, elle fond en larmes, ce qui déclenche des réactions contrastées. Les uns s'attendrissent en la voyant manifester une telle gratitude envers ses pairs, d'autres la traitent de pleureuse compulsive. Mais ces pleurs, en fait, concernent l'homme de sa vie. Elle souffre de ne pouvoir l'aimer. Car René est retourné vivre avec sa femme.

Certes, Anne Renée a demandé le divorce, mais il est persuadé que tout peut encore s'arranger. Pire, il parle de faire une pause dans son travail. « Une pause de combien de temps ? », a demandé Céline. Il n'a pas pu le dire. Céline est meurtrie. Elle traverse un enfer. Ce que tout le monde ignore. Du moins dans les médias et dans le grand public, car les Dion, eux, ont deviné la vérité. Céline, d'ailleurs, a cherché refuge dans les bras de sa mère.

« Je l'aime, maman !

— Il faut dire qu'il n'a rien fait pour empêcher ça !

— Il n'aurait rien pu faire ! »

Thérèse comprend sa fille. Elle retrouve bien là le tempérament de sa Céline ! Et elle en veut à Angélil.

Lequel prend une décision curieuse. Il déclare à la presse que sa protégée, parvenue à un tournant de sa carrière, a choisi de se retirer, le temps de se préparer à une nouvelle étape. De sa vie privée à lui, il ne dit mot. Dans la période récente, il a tout fait pour rester aussi souvent que possible à la maison, auprès d'Anne Renée et des enfants. Le couple, d'abord, a connu une certaine accalmie, puis les disputes ont repris et les époux ont dû admettre que le feu était définitivement éteint.

René a l'habitude de jouer sa vie comme s'il était à une table de poker. Quand ça ne marche pas, il préfère se retirer, conformément à des principes qu'il a longuement enseignés à ses amis :

« Lorsqu'on traverse une mauvaise séquence, il faut arrêter et attendre que la chance revienne. Il faut être attentif et patient afin de saisir la bonne occasion quand elle se présente. Actuellement, rien ne va dans ma vie et il faut tout changer. »

Il décide de se réfugier dans l'endroit qu'il préfère plus que tout au monde : le casino. Mais pas n'importe lequel. Celui qu'il fréquente depuis l'époque où il se produisait avec Les Baronets. Au temps où il s'initiait au jeu, il avait ses habitudes au Caesars Palace. L'établissement a toujours été pour lui comme un second chez-soi. Il aimait y satisfaire sa passion, mais aussi jouir de la bonne cuisine.

Certains soirs, quand il n'est pas avec ses amis, il réfléchit à ses sentiments pour Céline. Tout le monde a remarqué la complicité qui unit l'imprésario et la chanteuse. Le plaisir qu'ils éprouvent au moment de se retrouver saute aux yeux. Il est évident aussi que René nourrit de grands projets, et qu'il envisage pour Céline une carrière américaine. Mais, aujourd'hui, il pense beaucoup aux vingt-six ans qui les séparent. Certes, l'amour n'a pas d'âge ! On ne cesse de le lui répéter. Mais s'il se laisse aimer par Céline, la carrière de la chanteuse ne risque-t-elle pas d'en faire les frais ? N'a-t-il pas raison, lui qui ne s'est jamais trompé sur les choix de carrière de Céline Dion ?

Pendant que René, à Las Vegas, peaufine sa technique au poker, Céline est loin d'avoir renoncé à le séduire. Son entourage a beau dire, elle sait qu'aucun homme ne rivalisera jamais dans son cœur avec René, aucun ne saura jamais fusionner comme lui avec son talent, sa vie et ses rêves. En fait, pour elle, il n'y a pas d'alternative. Comme me l'a fait remarquer un proche du couple :

« Céline est la femme d'un seul homme. »

Et qui oserait en douter ?

Pour conquérir l'homme qu'elle aime, elle se lance dans un processus de transformation physique et vestimentaire. Elle moule son corps grâce à un entraînement intense, soutenu. C'est presque avec rage qu'elle aborde ce combat. Elle entend capturer René. Seule, sans appui, sans filet, elle s'est engagée dans une lutte sans autre issue possible que le succès. Sans autre moteur que l'amour. L'amour d'une femme naissante à peine âgée de dix-huit ans. Dix-huit ans : l'âge légal pour vivre et aimer sans la permission des parents. C'est d'ailleurs ce qu'elle fera savoir à sa mère sans ménagement, lors d'une scène qu'elle regrettera par la suite.

À son retour à Montréal, René revoit Céline. Il a l'intention de lui faire part de son projet. Mais il est frappé par la transformation physique de la chanteuse. Il n'a plus du tout affaire à l'ado qui se plaisait à jouer les filles de bonne famille. Elle porte maintenant des jeans serrés et des chandails moulants. Un maquillage tout neuf met sa sensualité en valeur. René est surpris. Il la regarde soudain comme une femme désirable. Pourtant, il s'efforce de garder ses distances.

« Je pense que tu es prête pour les États-Unis, dit-il. Mais il faut que tu apprennes l'anglais. »

Il ajoute qu'il doit repartir. Céline répond alors :

« À ton retour, je parlerai anglais. »

Neuf heures par jour de cours intensifs, deux mois durant : au terme de cet apprentissage, Céline parvient à assurer une interview à la télévision anglophone de Montréal.

*

René et Céline rencontrent Luc Plamondon au début de l'été 1986, à Montréal, lors de la présentation de *Starmania* à la Place des Arts. Le spectacle a emballé Céline et René qui avaient déjà vu une autre version de cet opéra rock, à Paris, quelques années auparavant. Après un échange de politesses, on convient d'un rendez-vous chez Plamondon à Outremont. René y tient.

René a pensé à prendre contact avec Luc Plamondon dès l'échec de l'album *C'est pour toi*. C'est au style de musique composé alors par Eddy Marnay qu'il attribuait ce fiasco. Il cherchait un nouveau parolier et Plamondon lui est apparu comme le bon choix. C'est lui qui allait métamorphoser l'univers de Céline Dion. Tel est le sujet abordé lors du rendez-vous dans l'accueillante maison d'Outremont où sont déjà passés tant d'artistes : France Gall, Renaud, Diane Dufresne, Fred Mella, Catherine Lara et, bien souvent, l'équipe au complet de *Starmania*. Luc a toujours fait preuve de générosité envers les artistes et les journalistes. S'il m'est permis de formuler ici une impression personnelle, je dirai que j'ai réalisé chez lui les plus beaux reportages de toute ma carrière. Pendant qu'il préparait le café, je m'installais à sa table pour m'entretenir avec les grands noms de la chanson, et c'était pour moi des moments de bonheur.

Ce soir-là, Céline et René sont chez lui. Il comprend vite ce que l'on attend de lui : transformer Céline Dion, briser l'image de la chanteuse innocente qui, hier, interprétait « Une colombe » devant le pape Jean-Paul II. Il a déjà relevé ce genre de défis quand il a été question de modifier l'image de Julien Clerc. Le moins que l'on puisse dire, c'est que le parolier de Julien en avait pris ombrage ! C'est pourquoi l'objection de Luc ne tarde pas à tomber : Eddy Marnay pourrait en sortir blessé. La réponse de René Angélil :

« Je sais. »

3

La victoire de Céline

Céline est majeure.

Elle a fêté ses dix-huit ans le 30 mars 1986, lors d'une réception « intime » chez ses parents, entourée de sa famille et d'une quarantaine d'invités, dont Eddy Marnay qui lui a offert un scénario de film – le film ne sera jamais tourné.

Cette date anniversaire est importante puisqu'elle rend caduc le premier contrat signé entre René Angélil et Thérèse Dion, alors représentante légale de Céline. Jusqu'ici, Thérèse a agi en tant que tutrice de sa fille mineure. Désormais, c'est Céline elle-même qui signera ses contrats. Et elle les signera avec l'homme dont elle est secrètement amoureuse. À présent, elle est propriétaire de tous ses biens. Elle a le droit de gérer librement sa fortune. Le tutorat existe pour protéger l'enfant d'un mauvais usage de ses possessions, et on se doute que maman Dion a noté scrupuleusement les gains de sa fille.

Selon les termes du contrat qui a couru jusqu'à l'anniversaire, Céline percevait le pourcentage habituel sur la vente de ses disques, ainsi qu'un cachet lors des spectacles, passages à la télé et autres manifestations artistiques. René Angélil, lui, avait droit à un pourcentage sur les revenus de sa protégée. Mais, contrairement à la plupart des imprésarios et producteurs, il n'a pratiquement rien touché de ce qui lui revenait de droit. Le joueur qu'il était a systématiquement tout réinvesti dans la carrière de Céline, étape après étape. Il estimait avoir dans son jeu la pièce maîtresse : Céline. Aussi rejouait-il tous ses gains. Et il n'a jamais perdu. Ils ont tout gagné ensemble, en vertu du principe qui a commandé leur vie : elle chantait pour lui, il jouait pour elle.

Pendant l'année sabbatique de Céline, René n'a eu aucune difficulté à trouver une source de revenus. Il s'est rendu à Las Vegas et il a joué au poker. Le poker est sa spécialité. Il pratique ce jeu régulièrement, professionnellement. Cette année-là, il est parvenu à encaisser plus de 140 000 dollars. Il a immédiatement investi cette somme dans la carrière de Céline. Investir ailleurs n'aurait eu aucun sens puisqu'il n'avait qu'un seul intérêt dans la vie : Céline Dion. Tout le reste était secondaire.

Quand on demande à René si son entente contractuelle avec Céline se trouve modifiée du fait que la chanteuse est devenue majeure, il répond d'un ton léger, nullement inquiet :

« Non ! rien ne sera changé. Céline a pris beaucoup d'autonomie, ces dernières années. On ne lui dit plus, comme à treize ans, quoi chanter, comment se comporter. Elle choisit elle-même et participe à la production de ses disques. C'est normal et ça devrait continuer. » Céline, pour sa part, évoque ses projets personnels en évitant soigneusement de parler de sa vie sentimentale :

« D'abord, je n'ai pas l'intention de quitter la maison (qu'elle a offerte à ses parents deux ans plus tôt), et je veux m'acheter une auto rouge ou noire. Mes dix-huit ans, ça veut dire que je pourrai chanter l'amour sans être gênée. De toute façon, ça ne change pas grand-chose à ma vie parce que j'ai toujours vécu avec des gens plus vieux que moi, et toujours été plus mature que mon âge. »

Elle est prête à signer de nouveau avec René Angélil. Elle n'a pas d'autre nom en tête pour gérer sa carrière :

« J'ai commencé avec René qui me connaît si bien et qui m'a permis de réaliser plusieurs de mes rêves. Je ne vois pas pourquoi je ne poursuivrais pas cette association. » Pour elle, il n'est toujours pas question de faire allusion publiquement à ses sentiments pour René Angélil. René, quant à lui, vient de redevenir célibataire, après un mariage civil de onze ans avec Anne Renée. Ayant racheté à son ex-femme les parts qu'elle détenait dans la société TBS, il décide de repartir à zéro en fondant une autre compagnie qu'il baptise Feeling.

À l'automne 1986, au terme d'une année épouvantable sur le plan professionnel et personnel, il s'accorde un peu de répit. Il est miné par sa séparation. Il part pour les Laurentides profiter du beau temps. Il s'offre une journée de golf à Sainte-Adèle en compagnie de ses amis Guy Cloutier et Marc Verreault. Le golf est son sport préféré. Dès qu'il en a l'occasion, il va sur le green et c'est peut-être le seul endroit où il arrive à oublier ses soucis de manager. Ce jour-là, à Sainte-Adèle, il manque plusieurs trous. Il a de la peine à marcher. Il respire mal. Cloutier, inquiet, l'emmène à l'hôpital Hôtel-Dieu de Saint-Jérôme. René est placé deux jours en observation. Puis, son état étant jugé sérieux, on le transporte à l'Institut de cardiologie de Montréal. D'après les résultats du test de thallium, les artères ne sont pas bouchées et le cœur tient bon. Mais les médecins ordonnent du repos, des vacances. Pour Angélil, c'est une première alerte. Il prend toute une série de bonnes résolutions.

« Je m'estime chanceux de m'en être tiré aussi bien, dit-il. Il faut maintenant que je prenne soin de ma santé, et surtout de mon alimentation. De nature, je suis gourmand, et je mange à des heures irrégulières. Dernièrement, j'ai engraissé de vingt-cinq livres, et je sais que je dois perdre du poids. Je ne fume pas, je ne bois pas. Ma faiblesse, c'est la nourriture. »

Après un divorce par consentement mutuel, Anne Renée était revenue à de meilleurs sentiments envers son ex-mari. Redoutant le pire, elle s'est rendue à l'hôpital avec ses enfants. Heureusement, René était déjà en train de récupérer, et cette visite l'a encore rassuré.

Céline aussi a eu très peur. Elle est restée discrète, mais c'est peut-être elle qui a le plus souffert de l'accident de santé qui a frappé son imprésario. Non pour des raisons égoïstes, non parce qu'elle pensait à sa carrière, mais tout simplement pour lui, pour Angélil, parce qu'elle l'aime.

Et quand il reprendra ses activités, elle s'inquiétera encore, comme si une épée de Damoclès planait désormais sur la tête de René. Céline sait désormais que son protecteur est vulnérable. Et elle a remarqué pour la première fois qu'il pouvait connaître le désarroi. Elle le perçoit maintenant comme un homme seul. Progressivement, une immense tendresse l'envahit.

Le magazine *Psychologies* va plus loin :

« Dans sa relation avec René Angélil, Céline a, au départ, succombé au complexe de l'infirmière. Angélil venait de divorcer, il était malheureux : elle a eu pitié de lui, avant d'en tomber follement amoureuse. » Le rédacteur du magazine ne manque pas de souligner les vingt-six ans de différence d'âge. Il note aussi que Céline n'a d'ailleurs « jamais été attirée par les garçons de son âge. Alors, aurait-elle été attirée par son papa ? Le fait d'aimer ou, éventuellement, d'épouser celui qui vous a créée symboliquement n'est généralement pas sans rapport avec des fantasmes œdipiens bien ancrés. C'est aussi, parfois, une façon de devenir la femme-fille d'un homme que l'on veut hisser au rang de Dieu. »

Bien plus tard, cet article fera réagir Céline :

« Je n'ai qu'un père et c'est Adhémar. René, c'est mon homme, mon amoureux. » Pourtant, à dix-neuf ans, cet amour, pour être secret, n'en est pas moins intense.

Quand les feux de la rampe s'éteignent, quand le public a quitté la salle après l'avoir ovationnée, Céline ressent un vertige de plus en plus douloureux. Rentrée chez elle, elle oublie les succès, les promesses de gloire et les projets de conquérir les États-Unis. La nuit d'automne se fait trop noire. Céline sombre dans la mélancolie.

« Quand mon imprésario vient me reconduire à la maison après un spectacle, que j'arrive chez moi et que tout le monde est couché, j'ai le vertige. Dans ma chambre, j'éprouve un fulgurant sentiment de solitude. J'ai mal, je pleure. C'est une douleur inexplicable qui dure une dizaine de minutes. » Durant cette période, elle est souvent hantée par la mort, ce gouffre qui lui fait si peur et qui en même temps l'attire. Comment expliquer ce phénomène ? La mort des autres, de ceux qu'elle aime, lui est insupportable, mais la sienne, c'est différent. Elle voudrait la tenir à bout de bras pour ne jamais être précipitée dans le gouffre.

« Quand je vais mourir, dit-elle, je veux que ce soit glamour. Je planifie mon mariage, mes funérailles. Je ne sais pas ce qui va m'arriver, je veux être belle. Ça fait peut-être un peu snob, mais j'aimerais ça, avoir l'air d'une princesse, tout en blanc avec une couronne. Je veux sourire. Je veux être bien. Ça fait longtemps que j'y pense. Je veux organiser mes affaires. Je veux avoir le contrôle de mon corps jusqu'à la dernière minute. C'est là que je veux être la plus belle. C'est drôle, je n'arrive pas à m'imaginer très vieille. » La mort se mêle étrangement à l'amour dans l'imaginaire de cette jeune femme passionnée qui refuse de supporter davantage les limites imposées par l'existence.

« Dans le fond, explique-t-elle, j'ai des rêves qui ne vont pas avec moi. Je viens d'une famille toute simple et j'ai des désirs extravagants. Je veux être riche et célèbre, posséder un tas de maisons, mais je rêve aussi de repasser les chemises de mon mari. »

Encore et toujours ce monde onirique dans lequel elle évolue depuis l'enfance.

Et si elle a déjà partagé de nombreux rêves avec une bonne partie de la planète, il en est un qu'elle garde secret. Et la nouvelle complicité qui s'est installée entre elle et René en dit long sur ce qui occupe ses songes.

Puis René Angélil récupère. Ses forces reviennent. Oubliant toutes les résolutions prises pendant sa convalescence, il renonce au repos et part pour Paris avec Céline. Ils ont rendez-vous avec le parolier Luc Plamondon.

À l'aéroport de Dorval, les journalistes notent la présence de Thérèse Dion auprès de Céline et de René. Céline, devenue majeure, continue donc de voyager avec sa mère… Céline répond que maman Dion n'est plus sa tutrice, mais la meilleure compagne qui se puisse imaginer quand on a un avion à prendre. Du reste, Céline n'a pas une passion pour les voyages.

« Ma mère, déclare-t-elle, c'est ma sécurité, c'est le lien avec la maison familiale, et j'en ai besoin. »

Autre constatation faite par les médias : René Angélil a terriblement maigri. Il a déjà perdu une vingtaine de livres, et il en perdra encore dans les mois à venir.

Luc Plamondon leur a donné rendez-vous dans son appartement avec vue sur la Seine et la tour Eiffel. Le luxe des lieux témoigne du succès obtenu par le parolier. Il est vrai qu'il est sollicité par nombre d'interprètes français ou québécois qui cherchent à faire un tube au moment où la pop anglophone déferle sur le monde occidental. Ce jour-là, Luc a des invités, dont Catherine Lara pour qui il a écrit « Nuit magique », un grand succès au Québec et en France. Luc observe que Céline est transformée. Elle est plus sexy désormais. Elle porte un jean serré et un top moulant. Qu'elle est loin, la petite fille sage chantant « La Colombe » devant le souverain pontife ! Elle arbore une nouvelle coupe de cheveux. Son sourire est plus éclatant. Même ses propos effacent l'image de l'ancienne Céline. Plamondon est fin psychologue. Il perçoit le monde intérieur de son interprète. Il s'efforcera d'en restituer la vérité par la musique et les paroles. Ce soir-là, il a le sentiment de découvrir une autre Céline. Il l'écoute, il la sonde, il la prend en affection. En effet, il estime de son devoir d'aimer ce personnage comme il a aimé naguère Diane Dufresne, Catherine Lara, Julien Clerc, Marie Carmen, entre autres.

Céline parle de ses cours de danse. Elle évoque Michael Jackson, la musique funky. Elle a envie de provoquer, elle aussi, à sa manière. Elle finit par avouer qu'elle entend figurer au panthéon des plus grands chanteurs de la planète. Or, ces interprètes de génie sont tous américains : Barbra Streisand, Michael Jackson, David Bowie, Prince…

Plamondon a compris : Céline est dévorée par la passion, par une volonté absolue de conquérir le monde. Il a sur sa table de travail une musique de Daniel Lavoie, auteur et interprète d'une chanson à succès : « Ils s'aiment ». Il ne tardera pas à trouver les mots qui provoquent et qui choquent ; des mots qui diront la nouvelle Céline Dion. Ce sera « Lolita », un hit typique de la manière Plamondon.

*

Longtemps, Céline est restée silencieuse. À l'approche de ses dix-neuf ans, elle a connu la reconnaissance internationale. Elle a vu aussi le divorce, puis la maladie de son impresario. Elle a subi une transformation physique et professionnelle majeure. Sans parler de la tension générée par des spectacles toujours plus nombreux, par la multiplication des trophées aussi. En définitive, Céline a trop vécu pour son âge ; et, pendant ce temps, la femme, en elle, étouffe.

Durant leur séjour parisien, Thérèse a fait part à René de ses inquiétudes. Céline, dit-elle, s'est « amourachée » de lui et ça n'a aucun sens. Elle ajoute que les médias commencent à en parler.

« Il est évident, dit-elle, qu'il y a quelque chose entre vous. Ça se voit quand vous êtes ensemble. Il faudrait peut-être voir à changer de conduite. Tu me suis, René ?

— Je vous suis parfaitement, madame Dion. Je comprends. On va changer ça. » Céline est au restaurant, entourée de sa mère, d'Eddy Marnay et de producteurs français. René, les ayant rejoints, refuse de s'asseoir à côté de la chanteuse. Il se tient même aussi éloigné d'elle que possible. Il se contente de parler affaires avec les producteurs. Céline n'apprécie pas cette attitude. Son instinct lui souffle qu'il se passe quelque chose. Elle voit que sa mère détourne son regard. À la fin du repas, quand chacun se lève pour regagner sa chambre, Céline et René restent seuls. René semble mal à l'aise. Il propose : « Si on allait marcher un peu ? »

Le temps est frais, le ciel cendré et l'atmosphère romantique. C'est Paris, c'est ce parfum d'amour qui tombe sur la ville quand vient l'automne, qui fait rougir les feuilles et les joues. René reprend :

« Il faut qu'on parle, Céline. Nous deux, ça n'a pas de sens. Arrêtons de…

— C'est ma mère, hein ? C'est ma mère ! Elle t'a mis la pression. C'est pour ça que tu m'as ignorée toute la soirée. Je le savais…

— Ta mère a raison. Elle veut ton bien, et elle tient à protéger ta carrière. Le public n'acceptera pas de te voir au bras d'un homme trop âgé. On ne peut pas prendre ce risque. Tout pourrait s'écrouler, après tout le travail accompli ensemble…

— Mais on s'aime, René !

— Céline ! Mes enfants ont presque ton âge ! Ce n'est pas possible ! »

Mais Céline, en amour, est intraitable. Le sujet de cette discussion, ce n'est plus le show-biz, le domaine de prédilection de René, celui où il excelle. Ce soir, c'est d'amour qu'il est question – et l'amour est le lieu sacré de Céline.

« Tu es déchiré, dit-elle. Tu es malheureux. Tu crois que tu pourras faire le bonheur de ta famille en étant malheureux ? »

Elle ajoute :

« C'est avec moi que tu es heureux. Avec moi que tu t'épanouis. Que tu deviens meilleur, dans ton métier comme dans ta vie.

— Tout mélanger serait une erreur.

— Au contraire ! On s'aime ! Tout le temps et partout ! Essaie de me dire en face que tu ne m'aimes pas. Vas-y. Essaie. Si tu me le dis, je te croirai. »

Cette fois, René a perdu. Son seul choix est de rendre les armes. Des larmes lui viennent, que Céline ne verra pas car il se détourne. Il s'éloigne sans un mot de plus. Il est plus triste que jamais. Il est dans une impasse.

*

Plamondon a senti la passion de la jeune femme. Il sait qu'elle est résolue aussi à conquérir l'homme de sa vie. Il se met au travail et tente d'écrire « des mots qui sonnent » pour la chanteuse nouvelle manière. Pendant ce temps, René et Céline quittent Paris et rentrent à Montréal.

René, à force de ruse, parvient à rencontrer Vito Luprano, un cadre de CBS, la célèbre maison de disques appelée à devenir Sony. Il veut que Céline enregistre chez lui. Son argument : Luc Plamondon, un parolier célèbre. René explique à Luprano que Céline entend suivre les traces de Michael Jackson. Il faut qu'elle enregistre sous le même label que son idole.

René Angélil est revenu plus tard sur cet épisode :

« À l'époque, CBS, c'était ce qu'il y avait de plus *hot* en Amérique, et ceci depuis le fameux *Thriller* de Michael Jackson. Avant, Céline faisait des disques avec ma compagnie. Mais mes moyens étaient limités. Alors je suis allé chez Sony et je leur ai dit : "Je suis prêt à vous donner Céline. Vous seriez prêts à y mettre combien ?" »

Luprano est prêt à y mettre beaucoup. Et même tout. Pourtant, René mettra du temps avant de finaliser l'opération avec cette multinationale. Il devra procéder par étapes, conclure des ententes successives. La première, avec Sony-Québec, visera d'abord le marché québécois francophone, avec une ouverture sur le marché français. Angélil signe, convaincu que les choses, par la suite, iront beaucoup plus loin.

Après Montréal, René décide de lancer l'album à Paris. Mais une surprise l'attend en France : l'éditeur souhaite supprimer du disque deux morceaux de Plamondon, au prétexte qu'ils risquent d'incommoder les fans de Céline Dion. Les chansons visées sont « Lolita » et « Incognito ». D'après l'éditeur, elles ne correspondent pas aux attentes des Français. Selon lui, il faut les remplacer.

Eddy Marnay n'avait-il pas vu juste ? Il a été le premier à s'inquiéter des réactions du public face à la nouvelle image de Céline. À présent, l'éditeur lui-même pense que, si les gens attendent quelque chose, c'est de retrouver la petite fille sage qui a chanté naguère pour le pape Jean-Paul II.

Les disques de Céline se vendent moins bien en France durant cette période. On ne l'invite plus aussi souvent. Les journaux publient moins d'articles sur elle. Mais le public français est fidèle à ses artistes. Il n'abandonne pas facilement ses idoles. Johnny Hallyday en est d'ailleurs la preuve la plus éclatante. Et ce même public n'aime pas être brusqué. Tout à coup, Céline a cessé de marcher dans les pas de Mireille Mathieu. Elle a brisé l'image de la petite ingénue. Elle est passée au rock, à la sensualité. Est-ce bien la même Céline ? Celle que les gens ont aimée ?

Les deux morceaux sont remplacés. Le disque sort en France. Mais c'est l'Amérique, surtout, qui attire René. Il décide de se concentrer sur le projet qui lui tient le plus à cœur, quitte à revenir vers la France plus tard…

Lors d'un congrès de CBS dans les Laurentides, Céline surprend l'assistance en chantant « Can We Try ». Les congressistes anglophones sont aux anges. René vient de marquer des points. On sait maintenant que Céline Dion peut chanter en anglais, et avec beaucoup d'émotion. Son imprésario voit s'ouvrir devant eux le marché anglophone.

Le rythme de vie de Céline s'accélère : interviews, déplacements, spectacles, enregistrements en studio. Sa carrière ne cesse de prendre davantage de place dans son existence. Elle bénit René d'être toujours là, à ses côtés. Son univers, désormais, c'est lui. Et leur union, pratiquement, n'est plus secrète.

Mais maman Dion n'est pas heureuse dans la maison de Duvernay que Céline a achetée pour sa famille, et où elle habite d'ailleurs elle-même. Cette demeure, Thérèse la trouve trop grande et trop souvent vide. Presque tous les enfants sont partis. Ceux qui restent s'en iront bientôt. Thérèse souffre de ne plus voir son bébé – sa Céline. Elle s'ennuie. À soixante ans, elle a la triste impression d'être inutile. Elle est encore alerte, mais la solitude la ronge et elle juge que rien ne va plus dans son petit monde. Elle le confiera dans sa biographie intitulée *La vie est un beau voyage*[1] :

« Céline, qui chantait l'amour torride, n'avait ostensiblement plus besoin d'avoir sa mère continuellement auprès d'elle [...] On n'a plus besoin de moi, je m'en vais [...] Elle n'avait plus d'enfants, plus rien à faire. Pauline venait de se marier, Manon avait un amoureux, elle partirait bientôt. Paul était souvent parti, bien plus souvent chez sa blonde qu'à la maison. Adhémar, lui, voyait ses amis... »

Thérèse n'est plus que la gardienne de la maison de Céline. Elle évoque aussi des dissensions au sein du clan. On se dispute pour un oui pour un non et c'est une chose qu'elle ne peut tolérer, elle qui a épuisé son énergie et son amour à élever quatorze enfants. Elle réussira pourtant à rétablir un peu d'harmonie en réunissant ses enfants et en leur rappelant qu'ils font partie d'une famille exceptionnelle, unique en son genre. Il n'y a là aucune exagération, du reste. Que ce soit sur le plateau d'Oprah Winfrey aux États-Unis, ou sur celui de Michel Drucker en France, cette famille nombreuse impressionne l'univers.

Cependant, le calme revenu, Thérèse n'est toujours pas rassurée sur l'avenir de Céline. Elle continue de déprimer et de s'interroger sur sa raison d'être en ce bas monde. Le bénévolat l'ennuie, de même que les soirées passées à regarder la télévision en compagnie de son mari. Elle ne veut pas d'une vie tranquille. « Ça ne sera pas ça, ma vie », reconnaît-elle dans sa biographie.

1. Georges-Hébert Germain, *Thérèse Dion. La vie est un beau voyage*, Libre Expression, Montréal, 2006.

Le 30 mars 1988, le jour du vingtième anniversaire de Céline, sa mère est hospitalisée. Victime de malaises cardiaques à répétition, elle refusait de se rendre à l'Institut de cardiologie de Montréal. Son mari et ses enfants ont dû la forcer. Thérèse n'a aucune sympathie pour les médecins et tient la maladie en grand mépris. Mais son état est jugé sérieux. Les artères sont obstruées. L'intervention chirurgicale s'impose. Maman Dion subira quatre pontages.

L'inquiétude se répand dans son entourage. Adhémar, qui préfère regarder toujours le bon côté de la vie et déteste la vue du sang, est peu enclin à franchir le seuil des hôpitaux. Et Thérèse n'est plus là, alors qu'elle avait l'habitude de régner sur la vie de tout le monde, et en particulier sur sa vie à lui ! Thérèse qui contrôlait tout… La panique s'installe.

Thérèse, ces dernières années, n'a pas ménagé sa peine. Elle a accompagné Céline dans tous ses déplacements à l'étranger. Sans parler des contrats qu'elle se chargeait de négocier elle-même en tant que tutrice. Sans parler de Claudette Dion, son autre fille chanteuse, dont elle gérait aussi la carrière. On ne cessait de la voir lors des premières. Elle parlait à la presse, aux gens du métier. Elle aimait vivre près des feux de la rampe. Et tout cela sans jamais négliger les tâches ménagères !

Mais, en 1988, ses forces l'abandonnent. Elle n'arrive plus à suivre ce rythme infernal. Elle a commencé sa vie adulte en gâchant elle-même le ciment quand Adhémar bâtissait leur maison. Puis elle s'est abîmé les yeux à coudre et à ravauder pendant des nuits entières les habits de sa progéniture. Enfin, elle a suivi les carrières respectives de tous ses rejetons. À présent, elle est épuisée.

Thérèse Dion, née Tanguay, vient d'une famille où l'on est fragile du cœur : son père et deux de ses frères, Lauréat et Henry, ont succombé à une crise cardiaque.

Céline se rend à son chevet avec sa sœur Ghislaine qui chante avec elle en tant que choriste. Pendant quelque temps, Thérèse voit défiler dans sa chambre tous ses enfants : une vraie chaîne d'amour. Puis on la déclare hors de danger.

Songeant que les problèmes cardiaques de Thérèse ont été déclenchés par cette histoire d'amour avec René, Céline en nourrit de la culpabilité. Elle est très attachée à sa maman.

« C'est mon idole, dit-elle. C'est la plus grande artiste que je connaisse. Elle sait tout faire : écrire, peindre, coudre, composer, imaginer, organiser. Elle sait cuisiner, travailler le bois, rénover une maison. Et elle sait aussi s'amuser. C'est ma confidente et ma conseillère parce qu'elle sait écouter. Mes sœurs aussi se confient à ma mère. On s'appelle tout le temps. » Les médecins ont prescrit trois mois de *repos* – un mot dont cette mère de famille nombreuse a toujours ignoré le sens. On pense qu'elle devrait avoir auprès elle, dans la maison, quelqu'un pour l'aider : elle refuse catégoriquement. Elle consentira finalement à accepter un petit coup de main de la part de sa fille Claudette.

C'est Céline qui prend la situation en main. D'instinct, elle occupera la place laissée vacante par sa mère.

Il faut dire que Céline s'est métamorphosée en cette année 1988. Elle a changé de look et de style musical. C'est une nouvelle personnalité qui s'impose. On s'en aperçoit d'ailleurs dans sa façon de s'adresser aux médias ; on sent chez elle un besoin de s'exprimer, de se libérer d'une gêne qui la desservait :

« Depuis le début de ma carrière, je me suis toujours amusée à faire ce que j'aimais : chanter, rencontrer les gens. Sauf que j'étais timide quand il fallait avancer une opinion personnelle. Maintenant, j'ai moins peur. Je m'ouvre davantage. J'ai vingt ans et, comme tous les jeunes de mon âge, j'ai le goût de vivre et de nouer des liens.

« Je sais ce que je veux à présent. Avant, je le savais aussi, mais je n'osais le dire. On devient plus sûr de soi avec l'âge. Je ne pense pas comme à quinze ans. L'expérience me permet d'avoir davantage d'assurance face aux gens du métier. Je ne m'en laisse plus imposer. Aujourd'hui, je participe activement aux décisions.

« Dans le spectacle que je présente en ce moment, je suis impliquée. J'ai apporté mes idées. Je prends la parole lors des réunions. Mon engagement est bien plus important que par le passé. La seule chose dont je ne veux pas entendre parler, c'est la planification de mes horaires. Je laisse ça à René. Il veille sur tout, s'occupe de tout et décide de mes rendez-vous. Il me communique mon agenda au fil des semaines, et j'aime bien que ça se passe de cette façon-là. »

On devine la rage de vivre qui l'habite, le besoin de s'exprimer et… d'aimer. Pourtant, elle n'en dit rien. L'amour, c'est son jardin secret, son univers à elle. Voilà des années qu'elle évacue la question. Aux journalistes qui l'interrogent, elle répond qu'elle « ne sait pas ce qu'est l'amour » et qu'elle n'a « pas le temps d'aimer ». Pourtant, Céline est une jeune femme pleine de passion, animée par une détermination farouche. Et la vérité, c'est que l'amour a pris toute la place dans sa vie.

À Dublin, au grand prix Eurovision 1988, on la voit exulter. Elle n'est pas accompagnée de sa mère, restée au Québec pour se remettre de son intervention chirurgicale.

Le prix Eurovision est un événement prestigieux qui passionne toute l'Europe. Céline, qui représente la Suisse, y chante « Ne partez pas sans moi », de Nella Martinetti. Ce morceau n'est pas le meilleur de l'auteure-compositrice helvétique, mais l'interprétation de Céline Dion se révèle magistrale. Elle remporte le trophée d'un petit point devant Scott Fitzgerald qui chantait pour le Royaume-Uni. À Dublin, soudain, c'est la fête.

René Angélil avait parié quatre cents livres sur la victoire de sa protégée. Céline, apprenant sa victoire, a éclaté en sanglots. Lui-même peine à retenir ses larmes. Il sait ce que ce triomphe signifie. Pas moins de six cents millions de téléspectateurs ont assisté à la performance ! Pour Céline, c'est la consécration internationale. Les retombées seront considérables. Impressionné par ce succès, Bob Summers, le président de Sony, lui ouvre les portes de toute l'Amérique en lui proposant de signer pour un album en anglais.

Au terme d'un suspense intense, l'émotion emporte tout ce que Céline et René avaient vécu ensemble jusqu'à présent. C'est *leur* triomphe. Eux seuls peuvent comprendre ce qu'il signifie en somme de travail, d'espoir, de tension et… d'amour. Ce pari, Céline ne voulait pas que René le perde ! Mais surtout, elle a tenu à être la meilleure pour lui. Elle a voulu lui montrer qu'il méritait de manager la meilleure chanteuse d'Europe – et, un jour, la meilleure chanteuse du monde.

Elle s'est voulue irrésistible, elle l'a été. Elle s'est voulue en fusion avec lui, la fusion aura lieu. Pas plus tard que le soir même.

Georges-Hébert Germain, le biographe de René Angélil, situe les premiers ébats du couple au soir de cette victoire. René, tout en accompagnant sa protégée à sa chambre, revient sur la performance de Céline sur scène, comme souvent après un show :

« Le soir de la victoire de l'Eurovision, il a raccompagné Céline dans sa chambre et lui a raconté ce qu'il avait vu, entendu, ressenti, la peur bleue qu'il avait éprouvée quand le chanteur anglais était en tête [...]. Céline était restée assise à la tête du lit, jambes repliées sous la couverture. Et René a senti soudain qu'elle ne l'écoutait pas, elle le regardait "comme une fille qui a un projet".

Son récit terminé, il est resté un moment assis sur le lit, sans un mot, elle le regardait toujours. Il s'est levé avec lenteur, lui a dit bonsoir. Il marchait vers la porte... Il allait partir sans l'avoir embrassée. Elle s'est levée d'un bond, s'est approchée, s'est collée à lui. "Tu ne m'as pas embrassée, René Angélil." Il ne comprendra pas ce qui s'est passé, même si depuis des semaines, des mois, il avait cent fois imaginé cette scène. Il s'est penché vers elle et l'a embrassée sur les lèvres, dans le cou, il l'a serrée dans ses bras, très fort. Puis il a brusquement rompu son étreinte et s'est enfui.

Il l'a rappelée quelques minutes plus tard depuis le hall de l'hôtel, pour lui demander si elle allait bien.

— Si tu ne viens pas tout de suite, René Angélil, je vais aller frapper à la porte de ta chambre. Il a alors cédé :

— Si tu veux bien, je veux bien, moi aussi.

— Tu seras le premier et le seul[1] ! »

Et Céline n'a jamais dit aussi vrai.

De retour à Montréal, elle apprend qu'Anne Renée s'est mariée dans une église catholique, entourée de sa famille au complet. L'événement est loin de laisser Céline indifférente. Elle aussi rêve d'un beau et grand mariage à l'église. Or elle a toujours dû affronter la solitude, alors même que la vie lui promettait gloire et fortune.

La défaillance cardiaque de sa mère l'a terriblement secouée. Soudain, elle comprend que Thérèse ne sera pas toujours là pour la protéger, la stimuler, lui ouvrir les portes. À un ami journaliste, elle confie :

« J'aime les enfants parce que je n'ai pas eu d'enfance. »

Elle n'a jamais eu non plus d'amis de son âge, ou si peu. Elle dit encore :

« Plus j'avais du succès, plus je sentais mes amis s'éloigner. »

Elle a passé toute son adolescence dans un univers d'adultes, voyageant entre Montréal, Paris, Dublin, Bruxelles et Las Vegas. Comment aurait-elle pu partager de telles expériences avec le commun des mortels ?

Sans parler de la compétition féroce qui règne dans le show-biz. Certes, Céline est ambitieuse, disciplinée, voire perfectionniste. Mais ces qualités se développent au détriment de sa vie intérieure. Il y a en elle tout un monde caché, trop bien caché.

Lors de sa tournée au Québec, elle exprime l'amour comme jamais : l'amour qui déchire, l'amour fou, l'amour impossible, et surtout l'amour d'une jeune

1. *René Angélil. Le maître du jeu*, Libre Expression, 2009.

femme qui lui ressemble étrangement. C'est alors qu'elle ouvre son cœur à Thérèse :

« René, c'est l'homme de ma vie, maman. Je l'aimerai quoi qu'on en dise et quoi qu'on fasse… On fait l'amour, maman ! »

Maman Dion, choquée, ne dit mot. Mais elle a cessé d'écouter. Vite, elle retourne à sa chambre et écrit à René Angélil. Puis elle glisse la lettre sous la porte de l'imprésario :

René,

Je regrette de t'avoir fait confiance. Tu ne le méritais pas. Pas plus que tu ne méritais ma fille. Céline était ma princesse, j'espérais pour elle un prince charmant et la voilà amourachée d'un homme de 26 ans son aîné, deux fois divorcé. Tu aurais pu éviter ça. Tu as choisi de ne pas le faire. Tu me déçois profondément. René Angélil, je n'ai plus aucune admiration, aucune sympathie pour toi… Si tu fais du mal à ma fille, je te tue !

René est peiné, embarrassé. Dès le lendemain matin, il propose à Thérèse de prendre un café. Il lui dit alors doucement :

« J'ai une fille, moi aussi, madame Dion. S'il lui arrivait ce qui arrive à Céline, je réagirais probablement comme vous. Je vous comprends. Je trouve que vous avez raison. Mais sachez que je l'aime. Comme je n'ai jamais aimé une femme de toute ma vie. » Le propos de René est sincère, touchant. Mais Thérèse Dion se tait. Elle reste de glace. Puis elle se lève et s'en va. La relation entre René et la mère de Céline est-elle définitivement brisée ?

Vingt ans après, Céline reviendra sur cet épisode devant les caméras de TV5 Monde :

« J'ai dû convaincre ma mère. Apprenant que j'étais amoureuse de René, elle a voulu le tuer. Et je la comprends. J'aurais eu le même sentiment. » Certes, Thérèse Dion a toujours eu pleine confiance en René Angélil en tant qu'imprésario et conseiller artistique de sa fille. Mais ses projets amoureux, elle n'a jamais cessé de les combattre. Pour elle, il était impossible que René et Céline forment un couple.

« La différence d'âge sera un obstacle à un véritable amour, disait-elle. Le temps aggravera la situation. Une femme ne peut pas être heureuse et épanouie si elle n'a pas d'enfants. Et dans leur cas, ce ne sera pas facile, d'avoir des enfants. »

Peut-être n'a-t-elle pas tort. En tout cas, si l'on adopte un point de vue raisonnable. Or l'amour et la raison ne vont pas toujours ensemble... Maman Dion devra finalement admettre la différence qui la sépare de Céline. La mère et la fille ne sont pas les mêmes ! Céline est maintenant une femme déterminée, portée par une passion qui lui donne des ailes. Thérèse est obligée de plier : il n'y a plus rien à faire. Adhémar, toujours fataliste, lui donne ce conseil :

« Laisse-la donc vivre sa vie. »

Céline et René vont se cacher en Californie. Là-bas, ils forment ouvertement un couple aux yeux de leurs amis qui sont tous producteurs, auteurs, musiciens ou directeurs artistiques. Il s'agit de l'équipe qui prépare *Unison*, le premier album de Céline en anglais. Les amoureux vivent des jours heureux et des nuits passionnées. Ils jouissent de leur liberté, loin du Québec et des journalistes qui les pourchassent, les épient et spéculent à longueur d'articles. Céline n'a qu'une envie : crier au monde entier son amour pour l'homme de sa vie. Mais

René l'empêche de le faire. Si elle ne pense qu'à aimer, lui pense à la carrière de celle qui demeure son artiste. Ils ont souvent des prises de bec sur ce thème. Mais ils nagent en plein bonheur. La Californie leur va bien.

*

Pendant ce temps, au Québec, la famille Dion retisse ses liens. En effet, la chaîne Télé-4 a eu l'idée de conclure cette année 1988 avec une émission réunissant le clan au complet.

L'événement aura lieu en l'absence de Céline.

L'émission permet aux téléspectateurs de découvrir les multiples talents de la famille Dion. Céline n'a pas menti aux médias : chez elle, tout le monde chante très bien, ou joue d'un instrument. Quand le clan se retrouve, c'est la fête ! On croit revivre soudain les réunions qui se déroulaient naguère dans le sous-sol de la maison familiale, entendre à nouveau la formation d'Adhémar, A. Dion et son ensemble, au temps de ses tournées dans la région de Charlemagne.

À soixante-dix ans, Adhémar reprend son accordéon. Jacques plaque des accords sur sa guitare. Daniel frappe sur la batterie. Même Clément, l'aîné, un garçon qui n'a jamais songé à faire carrière dans la musique, surprend son monde avec une remarquable interprétation de « L'Hirondelle », de Patrick Norman. Linda, qui chante pour la première fois à la télé, reprend la chanson de Céline, « Ce n'était qu'un rêve ».

Claudette, pour sa part, arrache une larme à son père en interprétant « Grand-maman », un morceau que Céline a composé voilà bien longtemps en l'honneur d'Ernestine.

Qu'ils étaient beaux, les Dion, en cette soirée de Saint-Sylvestre ! Les Québécois sont émus d'admirer une famille comme on n'en fait plus. L'amour qui règne entre ces personnes touche le public profondément. La chaleur d'un vrai foyer ! C'est une image qui parle à tout le monde. À un moment, à la demande de Claudette, Adhémar bénit ses enfants et petits-enfants ; et chacun, dans tout le pays, se prend à regretter les belles traditions d'autrefois.

Cette émission aura permis aussi à chacun de comprendre que la famille Dion abrite d'autres talents qui auraient mérité d'être reconnus. Céline l'admettra d'ailleurs en revenant plus tard sur l'événement :

« Chez nous, on a tous eu la piqûre du show business. Mes frères et sœurs ont tous chanté avant moi. Ils en ont fait, des cabarets et des tournées au Québec ! Ils ont frappé aux portes. Combien de fois on leur a dit non ! J'ai l'impression qu'ils ont tous rêvé de la même chose avant moi, qu'ils se sont battus fort. Moi, je n'ai fait que récolter. C'est comme s'ils m'avaient dit : “Fais-le pour nous autres.” Ça m'est arrivé à moi. Tous leurs rêves.

« La plupart des miens sont obligés de faire autre chose. Ils n'ont pas le choix. Ils ont tous du talent, du charisme... C'est une question de timing, de chance, de destin, je ne sais pas. J'ai l'impression de ne pas avoir autant bûché qu'eux. C'est pour ça que je ne regarde pas en arrière. J'ai déjà assez le vertige quand je pense à ma famille. Parfois, je fais un rêve : je n'ai pas de pieds, je suis comme dans un tourbillon, aspirée vers les hauteurs. Alors je regarde en bas et je dis : “Venez avec moi ! Michel, tu voulais chanter aussi. Venez ! venez ! C'est en haut que ça se passe, pas sur Terre. Ça va tellement vite. Moi, je m'en vais.” Mais ils restent à me regarder en répétant : “On t’aime, on t’aime.” Ils me soutiennent de tout leur amour, ils soufflent pour que je m’envole encore plus haut. C’est très dur, émotionnellement. Je voudrais que ça leur arrive à eux aussi. »

Quelquefois, dit-elle, elle souffre de cette situation. Elle aimerait leur faire partager le confort dont elle jouit, mais « sans acheter leur amour ».

Dans le monde trouble du spectacle, où la gloire et la fortune détruisent souvent la santé, voire l’équilibre mental des plus grands artistes, Céline aura toujours été protégée par sa famille. Chez elle, fût-ce le temps d’une courte veillée typiquement québécoise, elle redevient la petite sœur, le bébé de la famille ; dans son foyer, elle retrouve à chaque fois la tendre illusion d’une existence normale, réconfortante.

Or, en Californie, elle vit loin des siens. En même temps, elle est auprès de son homme. Ils habitent un hôtel discret. C’est là qu’ils préparent l’album en anglais.

Pour le couple, c’est une période heureuse. Ils s’épanouissent, ils sont proches de la nature, ils ne précipitent rien. Ils passent leur temps à développer un nouvel univers dont le centre est ce disque appelé à faire date dans la carrière de la chanteuse. Il a d’abord fallu trouver les bons auteurs-compositeurs, les bons musiciens. Puis créer une complicité avec eux. Bâtir une équipe avec laquelle travailler toute une année durant. René a sollicité les réalisateurs David Foster, Chris Neal et Andy Goldmark. Il choisit aussi les meilleurs studios dans trois villes différentes : Los Angeles, New York et Londres. Il sait que CBS attend un produit de très haute qualité, à même de toucher tous les publics. Ce pari sera tenu à l’automne 1989. À cette date, l’équipe est fébrile, mais

Céline et René semblent vivre sous un ciel sans nuages. Hélas ! le climat change souvent au moment où l'on s'y attend le moins. En octobre, alors que Céline est de retour au Québec pour une tournée, sa voix se brise pendant un concert dans la ville de Sherbrooke. D'abord, elle se maîtrise. Elle garde son calme. Elle promet au public de revenir dès que possible. Mais dans les coulisses, elle éclate en sanglots. René la prend dans ses bras et s'efforce de la rassurer. Cependant, il a de la peine à cacher son inquiétude. La voix de Céline, c'est le moteur de leur union, c'est leur trésor, leur raison de vivre. En outre, cet accident n'aurait pas plus mal tomber. Il faut qu'il se produise au moment précis où Céline et René réalisent le grand rêve américain ! Bien sûr, ce n'est pas la fin de l'aventure. Mais ils étaient sur le point de lancer un disque à un million de dollars ! Et tout s'est écroulé alors qu'ils étaient près de toucher au but.

De Montréal, René remue ciel et terre pour dénicher le meilleur oto-rhino-laryngologiste. On lui recommande le Dr William Gould, un praticien installé à New York. C'est un homme âgé – il a quatre-vingt-deux ans –, mais il est reconnu comme une sommité. Il a soigné, entre autres, John Fitzgerald Kennedy et Frank Sinatra. Il examine Céline et lui fait passer des tests. Son verdict est qu'une intervention chirurgicale s'impose. Et l'opération, dit-il, risque de modifier la voix. Voyant sa patiente catastrophée, Gould lui propose une solution alternative : Céline devra garder le silence pendant trois semaines – un silence absolu. Pas un mot. Rien ne devra sortir de sa bouche. Céline consent. De toute façon, elle est déjà réduite au mutisme. Trois semaines plus tard, elle se présente à nouveau dans le cabinet du Dr Gould. Elle a tenu bon. Elle vient de passer vingt et un jours

« Toute son attitude est le contraire de la mienne. Par exemple, la démarche, le maintien. Je suis habituée à marcher de manière dégagée, à beaucoup regarder autour de moi pour atteindre tout le monde lorsque je suis sur scène. Or Elisa ne s'aime pas, donc elle se rapetisse tout le temps, et ça doit se voir dans sa posture. Elle ne se maquille pas. Elle est très maigre, elle veut tenir le moins de place possible. Je suis obligée d'y penser sans cesse. Je tâche de faire oublier Céline. »

La série, qui raconte l'histoire d'une ado maltraitée, comprend des scènes de violence. Mais elle comporte aussi de grands moments de tendresse. L'héroïne s'éprend de son cousin germain, un rôle confié à Antoine Saint-Laurent. Antoine se dira impressionné par le professionnalisme de sa célèbre partenaire, surtout après que le scénario les aura conduits à tourner nus. « Tout le monde peut s'interroger sur le fait qu'elle prenne autant de risques, confiait l'acteur Patrick Huneault. Elle semble abandonner toute pudeur, alors qu'elle a un statut important. Elle m'a dit que c'est l'histoire qui compte… Elle voulait servir son personnage, et non pas se servir de ça. Elle s'abandonnait totalement. »

À la sortie *Des fleurs sur la neige*, en mars 1991, la critique salue l'« étonnante performance » de Céline Dion dans le rôle d'Élisa.

Remarquons l'absence de René dans cette aventure cinématographique. Manifestement, l'entreprise ne figurait pas dans les plans d'Angélil. D'autant que sa protégée et désormais maîtresse était déjà surchargée de travail. Ajoutons que René ne voit pas d'un bon œil le fait que Céline échappe à son contrôle, tant au niveau artistique que personnel. Sur le plateau, le maître du jeu, c'est le réalisateur, non l'imprésario, et René en ressent comme un pincement au cœur…

Du reste, la comédie dramatique, ce n'est pas du tout son domaine, même si on l'a vu naguère dans des films comiques, tel *Après-ski*. Jouer au cinéma, c'est éprouvant physiquement et mentalement.

Céline parle d'ailleurs abondamment, en 1991, d'une expérience qui est loin de l'avoir laissée indifférente :

« J'ai été marquée profondément par ma première expérience de comédienne dans *Des fleurs sur la neige*. C'est l'événement le plus intense que j'ai vécu dernièrement. Je me suis laissé prendre au jeu et j'ai aimé vivre mon personnage jusqu'à la limite de mes possibilités, mais c'était éprouvant, moralement et émotionnellement. Je suis certaine que l'accident de voiture que j'ai eu l'été dernier était lié à la tension et à la fatigue ressenties à la fin du tournage. »

Heureusement, la star n'a pas été blessée dans l'accident en question. Elle s'était endormie au volant de sa Laser Chrysler, au soir du 9 juillet, sur l'autoroute des Laurentides. Quand elle s'est réveillée, son auto roulait à contresens. Elle a lâché le volant et fermé les yeux. L'auto est partie en arrière, puis a fait plusieurs tonneaux avant de s'immobiliser dans le fossé.

Mais le tournage a laissé en elle d'autres traces encore. Par exemple, on la voit souvent relire *La Formation de l'acteur* du metteur en scène russe Stanislavski, le livre que lui a donné Jean Lepage, le réalisateur de la série. Cet ouvrage est généralement considéré par les acteurs et les metteurs en scène comme la bible du comédien.

« Je ne peux pas tout saisir à la première lecture, admet Céline, mais je relis certains passages autant de fois que nécessaire, jusqu'à avoir compris. »

Et puis, elle a pris conscience de la misère et de la souffrance qui l'entourent. C'est pourquoi elle ira en décembre rendre visite aux détenus à la prison de Bordeaux. La radio en profite pour enregistrer une émission qui sera diffusée le soir de Noël sur les ondes de CIBL[1]. L'entreprise n'aura d'ailleurs rien de glamour et la star ne touchera aucun cachet pour son passage sur cette station communautaire. Elle chantera sans musicien. Son public sera composé de condamnés forcés de traverser les fêtes dans une terrible solitude. Elle interprète pour eux, *a capella* et en toute simplicité, « L'amour existe encore » et « Le monde est stone ». Beaucoup d'émotion, donc, en cette fin d'année, à Bordeaux où Céline laisse une forte impression sur les prisonniers.

Tout aussi simplement, sans le moindre maquillage et à peine coiffée, elle va à l'hôpital Sainte-Justine rendre visite à sa nièce Karine, atteinte de cette maladie incurable qu'est la fibrose kystique.

On peut dire que Céline achève son année 1991 en cherchant ses véritables valeurs, sa véritable identité, alors qu'elle est à la veille d'effectuer le plus grand saut de sa carrière. Tout se passe comme si elle s'autorisait une retraite personnelle, loin des siens et loin de René. Inconsciemment, elle sait que rien, demain, ne sera plus comme avant. L'album *The Beauty And The Beast* est enregistré. Céline a lancé également l'album *Dion chante Plamondon* où elle reprend les succès du célèbre auteur, plus quelques nouvelles chansons dont « L'amour existe encore ». Somme toute, 1991 aura été une année de ressourcement.

1. Une radio de Montréal : 101.5 FM.

*

Le lancement de l'album *Unison* a lieu à Montréal en avril 1990, à la discothèque Métropolis, devant une foule de journalistes et de fans. La rue Sainte-Catherine est fermée à la circulation. René a déployé tout son talent pour donner à l'événement l'impact nécessaire.

Le disque rencontre un succès immédiat au Canada, grâce notamment aux ventes réalisées au Québec. S'ensuit une « séquence de chances », comme aime à dire René pour qualifier les enchaînements de bonnes nouvelles. L'imprésario profite d'un congrès de CBS – devenu Sony – pour faire écouter aux participants le morceau « Where Does My Heart Beat Now », extrait de l'album *Unison.* Dans la salle du grand hôtel où se tiennent les travaux, la chanson est ovationnée. Chacun se lève pour saluer la performance magistrale de Céline. En septembre 1990, l'album est lancé aux États-Unis. Céline sera bientôt connue dans l'Amérique tout entière. Elle est invitée au « Tonight Show ». Elle figure au palmarès. Mission accomplie !

En enregistrant un disque en anglais, Céline visait en premier lieu le public canadien, puis les États-Unis et enfin le monde entier. Elle y croit et René Angélil aussi. Mais René refuse de négliger le public francophone québécois. Il ne veut oublier personne d'ailleurs. Quand il s'agit d'art et de musique, ce Canadien d'origine syrienne élevé à Montréal ignore les frontières. Pourtant, au Québec, beaucoup ne cachent pas leur inquiétude en écoutant l'album *Unison*. Tout se passe comme si le peuple redoutait de voir s'envoler sa petite dernière, l'enfant chérie de la province.

En octobre 1990 se tient le 12ᵉ Gala de l'Adisq, l'association qui récompense chaque année les meilleurs artisans de l'industrie musicale. Claudette Dion monte sur scène pour remettre à sa sœur Céline le Félix de la meilleure… chanteuse anglophone. Céline, apparemment en pleine possession de ses moyens, s'approche du micro et déclare qu'elle refuse le trophée. Puis elle sort d'un pas ferme, laissant la salle en état de sidération. Les professionnels réunis pour l'occasion ont l'habitude de voir Céline tremper de ses larmes les trophées et les récompenses. D'où lui vient ce nouveau tempérament ?

Mais en coulisses, loin des regards, Céline est en train de craquer. Les pleurs, cette fois, sont bien là. Et la chanteuse refuse de s'exprimer davantage. C'est René qui est sommé de s'expliquer sur le geste de son artiste.

« La carrière de Céline, dit-il, se passe d'abord et avant tout ici. Elle n'a cessé de l'affirmer toujours et partout. Elle a expliqué pourquoi elle a fait un disque en anglais. Elle a été choquée de découvrir cette nomination : *artiste anglophone*. Mais on a décidé de ne pas la contester. On a choisi d'attendre, tout simplement. J'ai conseillé à Céline de faire ce qu'elle voudrait, de dire ce qu'elle pensait. C'est elle qui a décidé de refuser carrément le Félix. » Le lendemain, l'« affaire Dion » fait la une des journaux. On en parle même dans *The Gazette,* le quotidien anglophone de Montréal. René Angélil écrit au rédacteur en chef : « […] une poignée de gens de l'Adisq […] ont voulu ni plus ni moins forcer Céline Dion à accepter le Félix de l'artiste anglophone, ce qui aurait eu pour conséquence de la faire passer pour anglophone, donc pour une *vendue* aux yeux de son public […] Un petit groupe de producteurs et de gérants caressait l'espoir de mettre dans l'embarras une grande artiste francophone sur le point de conquérir le marché international. » L'année suivante, l'Adisq donnera raison à Angélil en remettant à Céline un nouveau Félix, celui de « l'artiste québécois s'étant le plus illustré dans une autre langue que le français ». Cet épisode aura également permis de mettre en lumière le couple Céline et René. Entre eux, la fusion est désormais totale. Chacun s'exprime à sa manière, mais c'est la même pensée qui est à l'œuvre et les unit. Plus tard, lors de l'Exposition universelle de Séville, Céline, interrogée sur l'indépendance du Québec, affirmera souhaiter l'abolition de toute frontière. En soi, ce n'est pas une idée mauvaise, mais beaucoup verront dans cette déclaration une prise de position en faveur du fédéralisme canadien. L'amoureux de la chanteuse sera obligé de corriger le tir. Nous y reviendrons.

À entendre René Angélil, Céline ne veut en rien s'immiscer dans la vie politique. Quant à la question des frontières, le couple estime qu'elles doivent être abolies dans le monde de l'art et de la chanson. Céline, en effet, est engagée maintenant dans une véritable carrière internationale. En 1991, elle entreprend une tournée mondiale qui commence par des répétitions au centre culturel de Drummondville.

« Ce show fera le tour du monde, explique alors René. Céline présentera son spectacle partout où le disque *Unison* sera vendu. Cela signifie dix-huit pays en Europe, aux États-Unis, au Canada anglais et même au Japon. » René ne joue jamais les modestes quand il est question de Céline. Il peut même lui arriver d'annoncer des événements pour lesquels rien n'est encore signé.

Mais tout s'accomplit finalement comme prévu. Dans le cas présent, l'album *Unison* se vendra à 700 000 exemplaires dans le monde au début de 1991.

La chanson « Where Does My Heart Beat Now » fait fureur dans les hit-parades australien et japonais. Au fil de l'année, le nombre de spectacles ne fera qu'augmenter. Et les ventes de l'album finiront par dépasser le million.

René Angélil parlera de cette année 1991 comme d'une année de rêve pour Céline. Certes, l'année aura été marquée aussi par quelques « incidents de parcours », mais il préfère les oublier.

En 1992, une pluie d'Awards permet à Céline de se faire connaître aux États-Unis grâce à la bande-son du film *The Beauty And The Beast,* qui est au palmarès des morceaux les plus écoutés en Amérique. Cette chanson, interprétée avec Peabo Bryson, ouvre à Céline Dion les portes des plus prestigieux galas. L'American Music Awards, pour commencer, où elle côtoie Whitney Houston et Mariah Carey. Puis Céline s'envole pour Monte-Carlo où elle participe au World Music Awards. Elle est honorée aussi pour la vente de ses disques au Canada. Mais ce n'est pas tout ! La chanteuse québécoise est invitée à se produire à la soirée des Grammy Awards. Autrement dit, c'est la course à la plus prestigieuse des récompenses qui lui est finalement offerte. Bien sûr, c'est le cinéma qui est à l'honneur dans cette cérémonie ; mais on y immortalise également des chansons de films auxquelles les artistes resteront associés tout au long de leur carrière.

Céline n'aurait pu atteindre une plus haute marche à Hollywood. Jamais on ne l'aura tant vue, photographiée, filmée et admirée. C'est le genre d'instant magique dont rêve tout artiste. Pour Céline Dion, il se produira le 30 mars 1992, le jour même de son vingt-quatrième anniversaire.

Céline, dans la tourmente, a oublié son propre anniversaire. Mais pas René ! Cet homme accompli, qui regarde passer les vedettes avec un émerveillement d'enfant, a décidé de frapper fort et de surprendre la femme de sa vie. Il fomente son coup dans le plus grand secret.

La remise des Oscars a lieu au Dorothy Chandler Pavilion. La salle est connue pour être trop petite, tant les demandes sont nombreuses. Le Tout-Hollywood s'arrache les entrées à prix d'or, et obtenir un billet relève de l'exploit. Mais René y parvient. Puis il invite les parents de Céline à les rejoindre à Los Angeles. Thérèse et Adhémar quittent les Laurentides pour sauter dans un avion et se rendre à Hollywood alors que Céline, bien sûr, n'est au courant de rien.

La chanteuse, qui a besoin de prendre de leurs nouvelles, téléphone à ses parents et s'inquiète de voir que personne ne décroche. Anxieuse, elle en parle à René qui, pour toute réponse, lui demande de se rendre dans le hall d'entrée. Céline n'en croit pas ses yeux : Thérèse et Adhémar sont là !

« On vient te fêter, ma fille ! », lui dit Thérèse en l'embrassant.

On imagine ce qu'une telle scène peut avoir de touchant.

La gamine de Charlemagne aux cheveux emmêlés et aux dents mal implantées aura laissé le destin la porter jusqu'au sommet du show-biz ! Elle va vivre à présent le plus grand moment de sa carrière. Comble du bonheur, elle a ses parents auprès d'elle pour lui faire fête. Thérèse Dion affirmera devant la presse :

« Nous ne pensions jamais voir Céline aux Oscars. Nous savions qu'elle irait très loin, mais la voir ici, dans le plus grand show de télévision au monde, c'est… »

À ce point de sa déclaration, l'émotion est trop forte. Elle ne peut en dire davantage. Elle aussi vit un conte de fées. Céline incarne également sa réussite à elle, l'aboutissement de ses rêves les plus fous. Thérèse découvre Hollywood avec des yeux d'enfant.

Au Québec, ce soir-là, on veille tard. Les habitants chérissent la petite fille de Charlemagne. Il y a aussi une part de fierté nationale. En effet, jamais une artiste québécoise n'avait atteint un tel firmament.

Pour le peuple, la récompense suprême arrive quand la chanson du film *The Beauty And The Beast* remporte l'Oscar de la meilleure chanson de l'année.

Céline a bien mérité de fêter son anniversaire à Los Angeles en compagnie de ses parents. Ivresse de cet instant unique ! Puis vient le repos. Il est temps de reprendre ses esprits. Du reste, on procède déjà au lancement de son deuxième album anglophone, un disque intitulé tout simplement : *Céline Dion.*

L'album est mis sur le marché dans tous les pays. Il comprend « The Beauty And The Beast », « Love Can Move Mountains », « Little Bit Of Love », « Show Me Some Emotion », ainsi qu'une composition originale de Prince intitulée « With This Tear ». Prince, ravi de l'interprétation de Céline, lui propose même de chanter en duo avec elle. Hélas ! ce projet se perdra dans le tourbillon qu'est alors l'existence de la chanteuse.

Ce disque, *Céline Dion*, se vendra à quatre millions d'exemplaires. L'artiste multiplie les apparitions à la télévision américaine. Son nom s'entend bientôt jusque dans les régions les plus lointaines des États-Unis.

Désormais, le couple vit sur une planète appelée *succès*. Tout leur réussit. Et ils s'aiment toujours davantage.

*

Mais ces heures exaltantes marquées par le bonheur et la réussite épuisent l'énergie de ceux qui les vivent pleinement.

René a tenu à se réfugier avec Céline dans son hôtel favori, le Four Seasons de Los Angeles. La température est alors idéale. Un après-midi, les amoureux en profitent pour se reposer et se dorer au soleil au bord de la piscine. C'est alors que René se plaint de la chaleur. Il a mal au dos. Il décide de regagner leur chambre et de s'étendre au frais.

Céline, qui connaît bien son homme, ne tarde pas à s'inquiéter. Que se passe-t-il ? Son compagnon est-il contrarié ? de mauvaise humeur ? fatigué ? Elle appelle la chambre. René répond d'une voix affaiblie. Il s'exprime de façon confuse. Céline, alertée, bondit de son transat. Elle se précipite dans la chambre où elle trouve René blême et inconscient. Elle crie – le personnel du Four Seasons a l'occasion de se rendre compte de la puissance de sa voix. Décrochant le téléphone, elle réclame une ambulance et un fauteuil roulant.

« Tout de suite ! », hurle-t-elle.

Elle est aux côtés de René dans l'ambulance qui fonce vers West Hollywood et le Cedars-Sinai Medical Center. Elle n'a pas eu le temps de s'habiller mais qu'importe ! René, d'habitude si calme, est saisi de panique à l'idée de tout perdre, après tant d'années marquées par le travail et les sacrifices. « Tu dois continuer, Céline. Ce n'est pas grave pour moi. Ben va s'occuper de toi[1]. »

C'est un infarctus. Admis en soins intensifs, René est installé ensuite dans une chambre privée où il a la possibilité de recevoir ses proches. Mais les médecins estiment qu'il ne pourra quitter l'hôpital avant une semaine au moins.

« Qu'est-ce qui te ferait plaisir ? lui demande Céline.

— Les enfants ! Les enfants ! », répète René.

Céline, bientôt, retrouve Thérèse et la mère de René. Elle prend également contact avec chacun de ses trois enfants : Patrick, Jean-Pierre et Anne-Marie, à qui elle demande de sauter dans le premier avion pour Los Angeles.

À Montréal, c'est Ben Kaye qui prend en main la maison de production Feeling pendant l'absence du boss. Le 5 mars, il déclare aux journalistes :

« Les médecins sont en train de lui faire passer une batterie de tests. Mais, à cause des émeutes à Los Angeles, beaucoup d'examens sont différés. René est inquiet, je ne vous le cache pas. Il n'est jamais tombé malade. Il n'a pas envie d'apprendre qu'il a des artères bouchées. En tout cas, il est très bien soigné. »

Ben Kaye semble avoir oublié que René a déjà été victime d'un malaise cardiaque en jouant au golf dans les Laurentides. Après cet accident, il s'était astreint quelque temps à un régime drastique, et avait perdu plusieurs kilos. Puis il avait complètement cessé de faire attention.

1. Ben Kaye, jadis imprésario du groupe Les Baronets. Jusqu'à sa mort, en 2007, il restera le partenaire de René Angélil.

Céline reste plusieurs jours sous le choc, avant de se ressaisir. Elle décide alors de poursuivre sa tournée. Rien ne sera annulé. « *The show must go on* », comme dit toujours Angélil. Et elle ne saurait décevoir l'homme qui est à la fois son mentor et son amoureux. Alors qu'elle est sur le départ, il lui dit d'un ton sans réplique :

« Si je meurs, je veux que tu continues. Arrêter au meilleur moment de ta carrière, ce serait comme me faire mourir une deuxième fois. »

C'est accompagnée de Thérèse que Céline prend l'avion pour New York. Puis ce sera l'Angleterre et la France, où l'attend sa promo. À Montréal, Ben Kaye déclare :

« René a été traumatisé par l'accident qui vient de lui tomber dessus. Cet homme n'arrive pas à dormir plus de deux ou trois heures par nuit. Il mange sur le pouce, à n'importe quel moment de la journée. Il ne fait pas très attention à lui. Il faudra qu'il change ses habitudes. » Et, à la surprise générale, René modifie radicalement son style de vie. Cet homme, qui a l'habitude de traîner dans son sillage une meute de reporters, débarque incognito à l'aéroport de Dorval, Montréal. Nous sommes le 18 mai 1992. Il a décidé de déléguer ses pouvoirs à des gens de confiance, et de travailler seul à la maison. Il se couche tôt, respecte le régime imposé et fait des exercices. Il est suivi par le Centre Épic de Montréal où il se rend trois fois par semaine pour faire de la marche rapide ou de la bicyclette. Résultat, René Angélil est méconnaissable. De nouveau, il a perdu du poids. Il mène désormais une vie rangée.

« J'ai été chanceux, raconte-t-il, et j'en remercie le bon Dieu. Grâce à l'intervention de Céline qui a tout pris en main, qui avait le contrôle comme elle l'a sur scène, on a pu m'hospitaliser immédiatement. C'est grâce à son sang-froid que je suis là aujourd'hui. En arrivant aux urgences, elle criait tellement fort que les médecins ont vite réagi. Je sais que la mémoire est une faculté fragile, mais quand je regarde Céline, mes trois enfants, je sais que je n'oublierai pas. J'ai une grande responsabilité envers eux et je ne veux pas les quitter. » Les propos de René prennent une tournure dramatique. Non sans raison. Il parlera d'un « accident de parcours ». C'est bien sûr une façon de cacher les vraies épreuves de sa vie personnelle, mais n'est-ce pas ce qu'il a toujours fait ? La vérité, c'est que René a bien cru mourir. Il a cinquante ans et c'est déjà sa deuxième alerte. Il connaît maintenant l'angoisse de l'homme dont la vie est hypothéquée. Récemment, ses cheveux ont complètement blanchi. Souvent, il sent ses forces l'abandonner. Il n'est plus aussi en forme qu'autrefois. À présent que Céline a définitivement percé, il se retrouve en position de revoir ses valeurs.

Durant les semaines de juin, il a le sentiment d'être devenu un vieillard. Il se sent inutile, encombrant. Il compte les années qui lui restent à vivre. Céline voyage sans lui. Elle est en Norvège, en Hollande. Elle retourne à Paris. Elle a à ses côtés des représentants de la maison Sony, dont Vito Luprano qui gère l'organisation de la tournée.

À ce moment, les relations professionnelles entre René et Céline prennent un tournant. « Mission accomplie ! », aurait presque envie de dire René. Lui qui exerçait une emprise totale sur sa protégée se retrouve face à une artiste en pleine possession de son talent et de ses capacités. Il aura été le génie de cette entreprise et Céline, sans jamais lui faire faux bond, se sera toujours montrée à la hauteur de ses aspirations, même les plus folles.

René, plus d'une fois, a craint de perdre son artiste – il n'a pas oublié la trahison de Ginette Reno. Quand Céline tourne un clip en compagnie d'un partenaire trop jeune, il devient jaloux : chacun a pu le remarquer. Il a tendance alors à intervenir et à faire le vide autour de Céline. Cette conduite obéit-elle à des raisons professionnelles ou sentimentales ? Professionnelles, sûrement...

D'autre part, Céline n'est pas Mireille Mathieu. Elle ne peut plus l'être. Elle s'affirme désormais comme elle-même, et ses musiciens sont frappés par le perfectionnisme qu'elle leur impose, sur scène et en studio.

« Avec les gens de Sony, dit René, je me suis arrangé pour avoir l'avant-dernier mot. Le dernier, c'est elle qui l'a. »

*

Au début de sa carrière, on disait que Céline était tout le portrait de son père. Avec les années, elle semblerait posséder plutôt l'énergie de sa mère. À son tour de prendre les choses en main ! En juin, elle voyage beaucoup. Puis vient l'exposition de Séville, où René compte l'accompagner. L'entreprise ne sera pas de tout repos... René, à Séville, évite de céder au stress. Il se fait discret. Il savoure son séjour andalou et le climat ensoleillé. Mais au pavillon canadien, un journaliste du *Journal de Montréal* interroge Céline sur l'indépendance du Québec. Ce reporter a cru deviner que la chanteuse désirait s'affirmer.

« Évidemment, répond-elle, je suis contre toute forme de séparation. Je voyage beaucoup. Ce que je vois par exemple en Suisse, où trois cultures vivent en harmonie, tout en demeurant l'un des pays les plus riches du monde, me fait espérer que les gens vont s'entendre, et me fait comprendre la chance que nous avons d'avoir deux cultures au Canada.

« C'est sûr que je n'y connais pas grand-chose en politique... C'est sûr que ça me perturbe. La seule façon de garder un pays fort et en bonne santé, c'est le respect. Les gens ont peur. Ils espèrent que la séparation n'arrivera pas. Et si je peux contribuer à ce qu'on reste ensemble, je le ferai. » Céline, dans la suite de l'entretien, fait allusion à un futur disque qu'elle pourrait interpréter en duo avec Bryan Adams, et qui se positionnerait en faveur de l'unité canadienne :

« Rien n'est fait, mais on en a parlé. L'idée de la séparation nous semble épouvantable. Il se pourrait qu'on le fasse si nécessaire. » Cette déclaration de la plus grande vedette du Québec fait la une de la presse le 1er juillet, jour de la Fête du Canada ! Céline s'est montrée courageuse, franche, honnête. C'est d'ailleurs ce que fait observer l'éditorialiste Pierre Leroux. Mais pour sa part, elle a le sentiment de s'être fait piéger et d'avoir commis une bourde. Une bourde qui a l'effet d'une bombe ! Dans le milieu du rêve, de l'harmonie, de la musique, c'est typiquement le genre de déclaration dont il vaut mieux se dispenser. Et personne ne le sait mieux que René Angélil. Il est persuadé que l'on ne saurait demeurer la plus grande star du Québec en choquant la moitié de la population – cette moitié qui a voté en faveur de la souveraineté du Québec lors du dernier référendum.

Céline, d'abord, est stupéfaite par la réaction des médias. Puis elle prend conscience de la terrible gaffe qu'elle a commise. Et elle tente de réparer les dégâts lors d'une interview exclusive accordée à la journaliste Suzanne Gauthier :

« C'est la dernière fois de ma vie que j'aborde un sujet politique. Jamais plus je ne m'aventurerai sur ce terrain. Même ma mère m'en a voulu.

« C'est certain que je suis contre la séparation. Je trouve que pour l'instant, on n'a rien à gagner en se séparant. Et, s'il n'en tenait qu'à moi, il n'y aurait pas de frontières. Mais je suis pour le Québec et pour un monde meilleur. Je suis une Québécoise. J'en suis fière. Je me suis toujours affichée et présentée comme telle, peu importe où je me trouvais dans le monde. Je suis pour le respect de nos deux cultures.

« On a eu l'impression que je prenais la défense du Canada. Ce n'est pas du tout le cas – je ne suis pas une porte-parole du Canada. Nous avons même refusé de tourner un commercial pour le 125e anniversaire du Canada. Je suis québécoise et je le resterai, que le Québec se sépare ou non. » Ce qui a particulièrement blessé Céline, c'est la réaction de plusieurs Québécois outrés par ses propos, et qui ont manifesté l'intention de jeter ses disques.

« Je ne veux pas que les gens jettent mes disques, poursuit Céline, les larmes aux yeux. Je veux qu'ils les achètent et viennent me voir en spectacle. J'aime le monde et j'ai besoin qu'on me le rende. Et sachez-le : contrairement à ce qu'on a affirmé, je n'ai pas été achetée par le gouvernement canadien. Je ne suis pas achetable. Je n'ai pas vu le Premier ministre du Canada depuis longtemps, et il n'est plus question d'enregistrer un duo avec Bryan Adams. »

Il suffit de relire les propos de Céline pour s'apercevoir que René Angélil est sorti de son silence. Bien que convalescent, le grand diplomate a repris du service. Céline assume tout ce qu'elle affirme, mais c'est René qui a donné le ton et défini la forme de l'intervention. Résultat : le feu s'est apaisé.

4

Mariage et nouvelle vie

À l'aéroport Mirabel de Montréal, les journalistes attendent depuis des heures. Enfin, Céline et René arrivent. Les questions fusent aussitôt :

« Alors, c'est vrai ? Ça y est ? Vous êtes mariés ? »

Les intéressés répliquent en chœur :

« Qu'est-ce que c'est que cette histoire ? »

Céline et René, stupéfaits, nient catégoriquement. C'est une rumeur, rien de plus ! René demande aux reporters :

« Qui donc est allé inventer ça ? »

La réponse jaillit des rangs de la presse :

« Comme vous êtes partis en famille, on a pensé que vous alliez célébrer votre mariage avec les vôtres. En Espagne, en toute intimité.

— Ridicule ! », s'exclame René qui n'a manifestement pas envie de rire.

Décidément, rien ne va plus dans la galaxie Céline Dion ! D'abord, cette fâcheuse déclaration à Séville, et cette rumeur maintenant. Pour couronner le tout, les douaniers se mettent à faire du zèle. Ils exigent d'ouvrir toutes leurs valises. René, qui sort d'un infarctus, a du mal à déplacer les objets lourds…

Et Céline doit se préparer maintenant à sa première tournée américaine programmée pour juillet, et qui sera suivie d'une série de spectacles au Québec. Après une année d'absence, la chanteuse déclare :

« J'ai très hâte de me produire au Québec. Mais avec tout ce qui s'est passé dernièrement à Séville, j'ai l'impression d'avoir perdu mon public. Je vais faire mon spectacle avec le même trac qu'à mes débuts. J'ai peur de ce qui va se passer maintenant. »

Mais il faut croire que les Québécois ne tiennent pas rigueur à Céline de ses déclarations intempestives. En effet, le tour de chant est accueilli avec un bel enthousiasme. Après une première partie assurée par Peabo Bryson, son partenaire dans « The Beauty And The Beast », Céline interprète ses derniers succès américains, ainsi que des extraits de *Starmania* en hommage à Michel Berger, le compositeur de cet opéra rock, décédé il y a peu. René a demandé à Céline de faire face, de tenir bon. Il est même prêt à prolonger leur séjour au Québec. L'erreur, pour lui, serait que l'artiste tourne le dos à son meilleur public, celui de son enfance. Les prises de position politiques ? Elles sont déjà oubliées. À Céline, tout est pardonné. Au sein de la grande famille québécoise, chacun l'aime comme sa propre fille.

Et c'est un fait : Céline elle-même est heureuse de se retrouver en paix au milieu des siens. Surtout qu'elle partage maintenant la vie de l'homme qu'elle aime. Son bonheur est si fort qu'il lui donne le vertige. Elle est amoureuse ! En même temps, elle est déchirée. Elle souffre de devoir cacher les sentiments qui l'attachent à

René Angélil, l'homme qu'elle a choisi. À l'animateur Jean-Luc Mongrain, elle lâche cette confidence :

« Oui, il y a quelqu'un dans ma vie. Mais je ne peux pas prononcer son nom. Je vis une passion avec un homme, comme toutes les femmes de mon âge. »

Le couple traverse le Québec, voyageant d'une ville à l'autre, et souvent des bruits leur parviennent par la radio. Ces rumeurs, la plupart du temps, sont pure fantaisie, mais parfois elles sont plus sérieuses. Céline s'en irrite : « Les gens ne sont pas fous, René ! Ils se doutent de quelque chose depuis longtemps. »

Elle est excédée. Ce petit jeu de cache-cache n'a que trop duré.

« Tu as peut-être raison », admet René Angélil.

Et cette réaction provoque la surprise de Céline. Est-il en train de céder du terrain ? Jusqu'ici, il n'a jamais voulu changer de position. Elle enchaîne :

« À l'émission de Lise Payette, ça va revenir sur le tapis, et tu le sais très bien. Qu'est-ce qu'il faudra répondre ? Moi, je ne sais plus. »

Peu après, ils sont en voiture dans les rues de Montréal, et René conduit en silence. Il a beaucoup changé depuis son infarctus. Sa sensibilité est comme exacerbée. Il n'y a pas si longtemps, il trouvait que Céline avait un peu trop tendance à fondre en larmes. Aujourd'hui, c'est lui qui pleure pour un oui pour un non. Une brave dame gagne-t-elle un prix lors d'un jeu télé ? René verse une larme. Même chose quand il lit une histoire banale de chien perdu et retrouvé. Céline observe le phénomène. Elle sent qu'il est aux prises avec une bataille intérieure. Peut-être est-il en train de prendre conscience du mal qu'il a causé à Céline en se refermant sur lui-même, comme il le fait depuis des années.

« Fais comme tu voudras », dit-il.

Et soudain, il semble frappé d'une révélation :

« J'ai une meilleure idée. On va voir les choses en grand, comme toujours. Je te demande juste encore un peu de patience. »

Lise Payette n'est pas une journaliste débutante. Dans les années 1960 et 1970, elle a animé « Appelez-moi Lise », le talk-show le plus regardé du Québec. Toutes les célébrités du Québec et d'Europe passaient dans son émission. Puis elle s'est lancée en politique. Elle a occupé de grands ministères dans le gouvernement Lévesque. 1992 est l'année de son retour à la télévision. Elle est réputée pour savoir cuisiner son invité en douceur, jusqu'à ce qu'il lâche le morceau. Or c'est exactement ce que Céline redoute : se trouver obligée de révéler le nom de son amoureux.

Pendant l'émission, elle résistera de toutes ses forces. On la voit se mordre les lèvres. Elle hésite. À la fin, n'y tenant plus, elle fond en larmes. Lise Payette, compatissante, choisit d'en rester là. Cependant elle sait déjà tout car l'homme qui est sur le plateau avec Céline est en pleurs, lui aussi. Et cet homme n'est autre, bien sûr, que René Angélil.

Agnès Gaudet, du *Journal de Montréal*, a suivi la carrière de Céline depuis ses débuts. Elle sera la première à aborder un sujet jusque-là tabou. « Depuis quelques semaines, écrit-elle, on a cru apercevoir une légère ouverture de la part de Céline au sujet de ses amours. Le mystère plane toujours, mais on sait au moins maintenant que la chanteuse est “normale”, qu'elle aime les soupers à la chandelle et les plaisirs d'être deux. » Un peu plus loin, elle ose même nommer celui à qui tout le monde pense :

« Soyons francs. On raconte que Céline est amoureuse de son manager, René Angélil, depuis des années. Pourtant, on n'a jamais eu de preuves. Personne n'a osé parler, ni réussi à les faire avouer. La différence d'âge entre elle et lui pourrait évidemment être la clef du mystère. » René a tenu sa promesse et mis son plan à exécution, mais en plusieurs étapes. La première est la plus intime. Céline arrive de New York où elle a vu le Dr Gould, le médecin qui veille sur ses cordes vocales. Quand René l'accueille à l'aéroport de Dorval, il a en tête un plan précis. N'oublions pas qu'il a déjà réussi à créer la surprise pour les vingt-quatre ans de Céline, en invitant ses parents à Hollywood afin qu'ils assistent au triomphe de leur fille.

Or il n'a pas dit son dernier mot. Pour le vingt-cinquième anniversaire de Céline, il l'emmène dans un grand hôtel au centre de Montréal, où il a réservé une suite. Il a commandé un dîner aux chandelles et s'est acquis la complicité d'une musique douce. Il a dans la poche une petite boîte…

Céline le trouve nerveux, presque timide. René lui dit alors :

« Je t'aime. Je t'aime comme je n'ai jamais aimé personne. Je veux vivre avec toi. »

Tout en disant ces mots, il dépose l'écrin sur la table. Céline l'ouvre. C'est une bague.

Relisons l'autobiographie de Céline[1] : « J'ai ouvert la boîte, j'ai vu la bague de fiançailles et j'ai compris que notre amour pouvait être connu. »

1. Céline Dion, *Ma vie, mon rêve,* en collaboration avec Georges-Hébert Germain, Robert Laffont, 2000.

Ce soir-là, dans une discrétion complète, Céline remporte la plus grande victoire de sa vie de femme. Elle savait depuis longtemps que cet homme lui était destiné. Elle confie à une amie :

« Je n'ai pas eu d'adolescence et j'ai laissé une bonne partie de ma vie dans les avions et les salles de répétition. Il n'est pas question que je passe à côté de l'amour. »

Quelques jours plus tard, elle doit se produire à Montréal, au Théâtre du Forum. Il s'agit d'une nouvelle salle de 5 500 places créée par Aldo Giampaolo au sein même du temple du hockey. C'est Céline qui a l'honneur d'inaugurer l'endroit – un endroit chaleureux, en dépit de la patinoire qui s'étend sous le plancher. Aldo Giampaolo deviendra l'ami de René ; vingt-trois ans plus tard, il le remplacera comme imprésario de Céline.

Pour le moment, la chanteuse a des problèmes de gorge, ce qui complique les choses lors de la première. Mais dès le lendemain, tout est arrangé. Dans le public, il y a une enfant. Une petite fille pas comme les autres. Un être qui est toujours présent dans les pensées de l'artiste. Il s'agit bien sûr de Karine, sa nièce. La petite continue de se battre contre sa fibrose kystique. Mais la lutte, désormais, est inégale : ses poumons ne pouvant plus fonctionner, elle vit au milieu des bonbonnes d'oxygène. Elle a beaucoup pâli, beaucoup maigri. Cependant, elle sourit. Elle est venue voir Céline dans sa loge, accompagnée de deux infirmières de l'hôpital Sainte-Justine. Céline, émue, n'a su que dire. Mais la petite Karine a l'habitude de soutenir le moral de son entourage – elle gardera cette capacité jusqu'à la fin de ses jours. Ce soir-là, elle a demandé à sa tante de lui parler des pays qu'elle a visités récemment, de l'accueil qui lui a été réservé dans ces régions du monde qu'elle ne verra jamais. Karine a voulu aussi que Céline lui parle de son amour pour René… En effet, Karine est dans le secret… Céline écrit dans son autobiographie :

« Quand je suis montée sur scène, je savais que Karine serait tout là-haut dans les loges que René avait réservées pour la famille et les amis. En pensant à Karine, j'ai été envahie par une grande paix, par de la joie aussi, et de la force, la force de Karine. Et j'ai chanté pour elle. Je la sentais qui me soutenait. Je sentais qu'elle serait toujours là, qu'elle ne mourrait pas. J'avais presque envie de dire à la foule du Forum, et à elle surtout :

"Tu ne mourras pas, Karine. Tu ne mourras pas."

Le lendemain après-midi, elle m'a téléphoné pour me dire à quel point elle avait aimé mon show. C'était un bon show dans lequel je m'étais impliquée à fond, de toute mon âme. J'avais retrouvé mon énergie. J'avais interprété mes vieilles chansons comme si je les chantais pour la première fois[1]. » Après une dernière représentation au Forum, Céline poursuit sa tournée au Canada et aux États-Unis sans cesser de rester en contact avec Liette, la maman de Karine. L'année suivante, à la fin du mois d'avril, elle a un mauvais pressentiment. Elle prend le premier avion pour Montréal. Et elle se rend au chevet de Karine qui est au plus mal : infection bronchique. Le soir du 2 mai 1993, l'enfant s'éteint doucement dans les bras de Céline. Karine aura souffert toute sa vie. À présent, elle n'a plus mal. Mais Céline vient de perdre sa plus grande source de motivation.

*

1. *Céline Dion, ma vie, mon rêve*, Robert Laffont, 2001.

Le plan de René prévoit le lancement du nouvel album de Céline : *The Colour Of My Love.* Comme d'habitude, l'imprésario s'est surpassé. L'événement a lieu le 8 novembre 1993 au Métropolis, la discothèque la plus célèbre du Québec. Deux mille fans se pressent à l'entrée de la salle où l'on refuse du monde.

Angélil, qui a tout préparé avec une méthode quasi obsessionnelle, comme toujours, a donné des accréditations à deux chaînes de télé : Musique Plus et Quatre Saisons, ainsi qu'à quatre stations de radio. Céline interprète sept des quinze chansons de l'album. Elle attaque « Misled » installée sur le capot d'une rutilante Bugatti. Rien de trop beau ! Rien d'impossible, en cette soirée d'émotions et, surtout, de grandes révélations…

Sur la pochette de l'album, on peut découvrir, rédigé de l'écriture de Céline :

« René, depuis plusieurs années, je garde notre rêve merveilleux au plus profond de mon cœur, mais c'est devenu trop puissant pour rester en dedans de moi… Donc, après toutes ces années, permets-moi de dire la vérité et de montrer mes sentiments : RENÉ, TU ES *THE COLOUR OF MY LOVE.* »

Vient le moment d'interpréter la chanson titre de ce disque dédié à l'homme qu'elle aime. Pour la première fois de sa vie, face aux projecteurs et aux caméras, elle embrasse René Angélil. René fond en larmes. Céline pleure aussi. Un tonnerre d'applaudissements résonne dans la salle. Les flashs crépitent. Ces photos feront le tour du monde.

Après la prestation de Céline, les journalistes présents ont droit à cinq minutes pour poser leurs questions. Quant aux interviews télé, elles ne dépasseront pas la demi-heure en tout.

« Pourquoi avoir choisi ce jour pour rendre publique votre relation amoureuse ? demande une journaliste.

— Je n'ai plus quatorze ans, répond Céline. J'en ai vingt-cinq. Il y a un temps pour tout et je ne pouvais plus garder ce secret plus longtemps. Ça n'a rien à voir avec une quelconque publicité. Je suis assez vieille maintenant pour avoir le droit d'être amoureuse. Il était temps qu'on l'annonce, non ? Quand deux êtres humains s'aiment, c'est très pénible de ne pas pouvoir se promener main dans la main en public. J'aime un homme et il m'aime, c'est tout. »

La conférence de presse est trop courte et beaucoup en sortent frustrés, mais la soirée s'est impeccablement déroulée. Le spectacle était parfait. Quelques jours plus tard, on annonce que 500 000 exemplaires de l'album ont été vendus – un album dont six titres contiennent le mot *love*. Beaucoup pensent qu'il s'agit du meilleur disque de Céline Dion, techniquement parlant. Il a été produit par la même équipe que le précédent : David Foster, Walter Afanasieff, Guy Roche et Aldo Nova.

Mais les qualités de l'œuvre sont surpassées par l'engouement du public envers les amoureux. Cette histoire d'amour enflamme littéralement le cœur des Québécois. On parle de conte de fées. On se remémore les fables de l'enfance…

Dans les médias, nombre de spécialistes affirment qu'ils étaient au courant. Un secret de polichinelle ! affirment plusieurs d'entre eux. Alors pourquoi l'information était-elle gardée secrète ? Quelle discrétion, de la part de la presse québécoise !

La vérité, c'est que René Angélil a su exercer son contrôle sur l'image de Céline Dion. Je pense qu'il a agi par respect pour l'artiste, d'abord, et ensuite par amour pour la femme. S'il a pu l'emmener jusqu'au firmament des chanteuses de variété, c'est parce qu'il l'a entourée des plus grands soins, en plus d'avoir su lui trouver les meilleurs auteurs, compositeurs, musiciens et metteurs en scène.

Même Édith Piaf, Maurice Chevalier et Julio Iglesias, s'ils ont largement triomphé dans leurs pays respectifs, n'ont jamais pu percer définitivement aux États-Unis. Pour y parvenir, il fallait montrer une image parfaite : pas de scandales, pas de tricherie, pas d'amours équivoques. *Même une trop jeune épouse,* a pensé René*, aurait figuré au rang des histoires scabreuses.* C'est pourquoi il a évité cet obstacle aussi. Et le temps lui a donné raison. Céline a aujourd'hui vingt-cinq ans : c'est une femme accomplie qui sait ce qu'elle veut.

*

Justement, un événement vient rappeler que René avait de bonnes raisons de se méfier et de ne rien laisser fuiter qui puisse ternir l'image de sa protégée et future épouse. Cet événement catastrophique a lieu en 1994, et il risque d'éclabousser la réputation du couple. Il est déclenché par un papier de Burt McFarlane publié dans le tabloïd américain *Globe.* Le journaliste laisse entendre que « Céline Dion a entretenu à quinze ans une liaison avec un homme marié âgé de quarante et un ans ». Il ajoute dans un autre article que les amants « ont vécu ensemble avec la bénédiction des parents de l'enfant ». Le journal cite le témoignage d'une certaine Anne Renée, selon laquelle Céline était « une lolita » qui lui avait « piqué son mari ». À en croire McFarlane, Anne Renée aurait demandé le divorce alors que Céline n'avait que quinze ans. Il mentionne aussi les noms de Jean Lorrain et de Ben Kaye en les citant comme étant ses sources. Lorrain et Kaye sont scandalisés. Ils affirment que tout est inventé.

Mais l'affaire se complique.

En effet, le journal *Photo Police* sort une manchette à sensation inspirée du papier de McFarlane. L'article, cette fois, porte la signature de Jean-Marc Provost. Il atteint des sommets dans l'art du montage et de l'extrapolation. Provost fait dire notamment à Angélil dans un gros titre :

« Je n'ai pas couché avec Céline avant ses 18 ans. » Une phrase s'étale en bas de page : « Il est passible d'une mise en examen pour incitation à des contacts sexuels sur mineure. » En page suivante, un autre titre n'est pas moins explicite :

« Une épée de Damoclès au-dessus de la tête de René Angélil. » Le journal développe l'idée selon laquelle la chanteuse est toujours en capacité de déposer plainte à tout moment contre son conjoint, au motif d'avoir été « abusée par lui avant sa majorité ».

C'en est trop.

Céline Dion, René Angélil et Thérèse Tanguay-Dion saisissent la Cour supérieure de Montréal et portent plainte contre les Éditions du Boisé Inc. Ils exigent vingt millions de dollars de dommages et intérêts. C'est le plus gros montant jamais réclamé lors d'une poursuite contre une maison d'édition québécoise. Les Éditions du Boisé sont gérants du magazine *Photo Police*. Pourquoi les plaignants n'ont-ils pas attaqué aussi les éditeurs du *Globe ?* Interrogé sur ce point par un reporter de Montréal, Angélil répond qu'il ne va pas perdre son temps à poursuivre un tabloïd comme le *Globe*. Il est vrai qu'il s'agit d'une publication paraissant aux États-Unis et diffusée dans les supermarchés, le genre de torchon auquel personne n'accorde la moindre crédibilité, et qu'il est de fait très difficile de traîner en justice. D'autre part, les lois sont différentes aux États-Unis et au Canada. Par exemple, aux États-Unis, la réputation des citoyens n'est pas protégée, comme au Canada, par une charte des droits et des libertés de la personne. Pour René, les lecteurs québécois n'accordent aucun crédit à des rumeurs en provenance des États-Unis. En revanche, les informations publiées à Montréal peuvent les inquiéter.

Photo Police nie toutes les allégations et conteste la validité de la plainte. Il s'ensuit une saga judiciaire qui se prolonge jusqu'en juillet 1997, date à laquelle une entente est trouvée entre les parties. René et Céline obtiennent une rétractation complète des propos cités dans le journal, ainsi que le versement par l'éditeur d'un don à l'Association québécoise de la fibrose kystique – le montant de cette somme demeurera secret.

Dans son édition du 22 août 1997, *Photo Police* présente ses excuses en une. Le texte de rétractation dit que « [...] les propos cités, les paroles et les titres étaient faux ; ils prêtaient à confusion et contenaient des informations erronées ».

*

L'automne 1994 est un moment stressant pour Céline Dion qui se prépare à affronter cette fois un défi européen. Alors qu'elle n'est toujours pas considérée en France comme une superstar, elle a décidé de se produire à l'Olympia où elle prévoit d'enchaîner trois concerts.

À la presse française, elle annonce son retour sur une scène parisienne après dix années d'absence. Les journalistes se souviennent qu'elle avait interprété une dizaine de morceaux en première partie du spectacle de Patrick Sébastien. Elle avait jugé alors l'expérience prometteuse. Cependant, elle n'avait pas vraiment connu son « épreuve du feu » sur les scènes parisiennes.

« Il aurait fallu pour ça que je m'installe ici pendant trois ou six mois, dit-elle. Mais on misait sur les États-Unis depuis 1988. On y passait en moyenne six mois par an. » Or, c'est justement parce qu'ils ont passé tout ce temps aux États-Unis que Paris, désormais, leur ouvre ses portes. Le 28 septembre 1994, Louis-Bernard Robitaille, correspondant à Paris de *La Presse*, peut écrire que « Céline casse la baraque ! » Et il poursuit : « Elle aurait pu remplir les deux plus grandes salles de Paris, le Zénith et le Bercy. Elle s'est modestement contentée d'un triomphe absolu pour trois soirs à l'Olympia. »

Les spectateurs présents dans cette salle mythique chantent avec elle : ils connaissent ses succès, tant en anglais qu'en français.

Depuis que l'ouragan Michael Jackson a déferlé sur l'Europe à la fin des années 1980, Paris est branché sur la musique américaine et Céline tire parti de cet engouement. D'autant que cette chanteuse francophone vend des millions de disques aux États-Unis. Le single « Ziggy » a fait près de quatre cent mille ventes. *Des mots qui sonnent* – c'est ainsi qu'a été rebaptisé *Dion chante Plamondon* – en totalise plusieurs centaines de milliers.

Pendant que Céline est en France, Montréal se prépare à accueillir un événement non moins important concernant Céline Dion.

Depuis le début de l'été, le Québec bruit de spéculations sur la date du mariage. La décision officielle tombe enfin : Céline et René uniront leurs destinées le 17 décembre en la basilique Notre-Dame de Montréal. C'est Mgr Ivanhoé Poirier qui présidera la cérémonie. Le prélat laisse déjà entendre qu'il a l'intention de vérifier le passé conjugal des intéressés, mais sans faire allusion explicitement aux deux mariages précédents contractés par M. Angélil. La situation se présente de la façon suivante : René a épousé religieusement Denyse Duquette en 1966, puis, civilement, Anne Renée Kirouac en 1973. Autrement dit, une annulation de mariage s'impose.

Les rumeurs vont bon train en cet automne 1994. On raconte que René Angélil est allé à Rome acheter son annulation à prix d'or, et qu'il a bénéficié d'un privilège en raison de la notoriété du couple. En fait, il n'en est rien.

La vérité, c'est que René est maronite, et que l'église maronite a consenti à l'annulation.

Le maronisme est un rite catholique syrien. Ses adeptes ont vécu sous l'autorité d'un patriarche jusqu'au XIe siècle, avant de se rapprocher du pape romain. C'est alors que leurs rites ont subi l'influence latine. Ils sont aujourd'hui cinq cent mille, établis au Liban pour la majorité d'entre eux, même si certains ont émigré en Amérique. Sur le plan théologique, leur doctrine repose sur les mêmes bases que celle des romains. Cependant ils conservent une administration séparée.

Le fait est qu'il est plus simple pour un maronite d'obtenir une annulation de mariage, et que ça coûte beaucoup moins cher. Là où le catholique doit débourser 1 000 dollars, plus 3 000 dollars de frais environ, et attendre un an la réponse du tribunal commun d'appel, le maronite s'en tirera à moindre prix, et obtiendra un résultat rapide. Si l'église catholique de Montréal enregistre chaque année 1 200 demandes d'annulation, les maronites n'en ont qu'une trentaine à traiter.

Dans le cas qui nous intéresse, l'annulation sera prononcée par le diocèse Saint-Maron de Montréal, grâce à l'intercession du presbytère de Saint-Sauveur, une église libanaise, maronite également.

À quelques semaines du mariage, le couple n'a donc aucune raison de s'inquiéter : René a ses papiers en règle. Mgr Poirier a proposé au couple une session de préparation au mariage, mais René, qui préfère un autre type de préparation, s'est envolé pour Las Vegas où il prévoit d'enterrer sa vie de garçon dans la bonne vieille tradition québécoise.

Il est accompagné là-bas de ses plus vieux amis qui seront aussi ses garçons d'honneur : Guy Cloutier, son cousin Paul Sara, son avocat Jacques Desmarais et Marc Verreault.

La coutume veut que le futur époux subisse les pires sévices et commette toutes sortes de péchés, dont le péché de chair bien sûr. René se contentera de boire. Et encore : quelques verres de vin seulement. Mais Angélil, qui ne consomme pas d'alcool, se retrouve vite en état d'ébriété. Cependant, aucun incident n'est à déplorer. La coutume veut aussi que les fêtards assistent à des ballets de danseuses nues, mais là encore, on se contente d'une tournée des casinos.

Céline est occupée pendant ce temps par un concert au profit de la lutte contre la fibrose kystique. Et la veille du grand jour, les futurs époux s'accorderont une journée de silence et de recueillement chez les carmélites.

Leur entourage est plus fébrile. Ce qui se prépare n'est rien moins que le plus grand mariage de l'histoire du Québec. Et il est impossible à Thérèse Dion de prendre un pareil événement en main. Quand les journalistes l'interrogent, avides de savoir ce que prépare Angélil, maman Dion répond : « J'ai préparé moi-même la noce de tous mes enfants, mais cette fois, c'est trop gros. Je me contenterai de participer à la fête comme les autres. »

Les futurs époux débourseront 500 000 dollars pour l'occasion. La liste des invités comprend cinq cents noms. Et l'événement s'annonce planétaire puisque des rumeurs indiquent la présence à Montréal de Jack Nicholson, de Michael Bolton, de Mariah Carey et même de Michael Jackson. Les préparatifs sont confiés à Mia Dumont, l'ancienne attachée de presse de Céline, et à Colombe Lacroix, l'épouse de Pierre Lacroix, membre du conseil d'administration d'une équipe de hockey de la Ligue nationale.

Cette grandiose mise en place est une épreuve pour René qui oubliera toute fatigue à 15 heures, quand il verra Céline se présenter à Notre-Dame. Elle n'a jamais été aussi belle. Elle a voulu un mariage de rêve et c'est effectivement pour elle un rêve en blanc qui devient réalité quand elle remonte la nef au bras d'Adhémar. Sa robe a été créée par Mirella Gentile. Céline a longtemps cherché la bonne couturière, avant d'arrêter son choix sur Mirella. Celle-ci a composé une traîne de dix mètres que portent les sœurs de Céline. Le diadème nuptial pèse plusieurs kilos : il a dû être assemblé et cousu sur la mariée elle-même, opération douloureuse qui n'a pas été sans quelques gouttes de sang.

René a pris pour témoin son fils Patrick. Il a derrière lui cinq garçons d'honneur. Céline aussi a ses demoiselles d'honneur – ses sœurs, bien sûr.

Dans son homélie, Mgr Poirier invite à une prière pour Karine, la nièce de la mariée, la petite victime de cette terrible affection qu'est la fibrose kystique. Quand il demandera aux époux leur consentement pour le meilleur ou le pire, René s'exclamera d'une voix forte qui résonnera dans toute la basilique : « Oui, je le veux ! » Céline fera exactement de même, tandis que l'émotion l'écrase et que son diadème la met à la torture.

La cérémonie religieuse est suivie d'une rencontre avec les médias à l'hôtel Westin. Deux cents journalistes venus de toutes les grandes capitales sont présents. *Paris Match* a envoyé des journalistes, mais aussi le *National Enquirer,* ainsi que l'agence Reuters. *Entertainment Tonight* a dépêché une équipe de télévision. C'est la bousculade et toutes les questions fusent en même temps.

« Je voulais une robe de fée, déclare Céline Dion, une robe de rêve. J'en paie le prix aujourd'hui ! Elle est trop lourde à porter… Non ! ma traîne n'est pas couverte de diamants, nous n'en sommes tout de même pas là… »

Et René d'enchaîner :

« Elle est plus belle que jamais. La robe, je ne l'avais pas vue. Quand je venais aux essayages, on me faisait les gros yeux. »

Chaque fois qu'il se tourne vers sa femme en l'appelant « Madame Angélil », Céline fait mine de s'évanouir.

Quelqu'un leur demande alors si tous leurs rêves se sont réalisés. René répond le premier :

« Notre seul rêve, maintenant, c'est d'avoir des enfants. »

Céline enchaîne :

« Je ne sais pas si je peux en avoir mais on va essayer. »

Et après le mariage ? Quel est le programme ?

« Nous partons dès ce soir pour notre maison en Floride, répond Céline. Ce n'est pas très loin et il fait chaud, là-bas. »

René se charge de remercier les médias. Puis les invités gagnent les salons de l'hôtel Westin. Chacun a en poche le programme de la journée, ainsi qu'un chèque de 3 000 dollars. C'est un cadeau de René et de Céline : une somme négociable exclusivement aux tables de jeu.

Une déception se fait sentir : Hollywood n'est finalement pas représenté. Les vedettes tant espérées n'ont pas fait le déplacement. Mais l'élite québécoise est là : Michel Jasmin, René Simard, Guy Cloutier, Davis Foster et Donald Tarlton. L'ex-Premier ministre du Canada, Brian Mulroney, est de la fête aussi. Au Québec, les journaux du lendemain titreront sur le « mariage de l'année » et sur « la princesse qui a épousé son prince ». La population vivra plusieurs jours durant sous le charme de ce conte de fées. Tout se passe comme si la Province s'était accordée soudain un épisode « sang royal » ; comme si la basilique Notre-Dame venait de servir de décor à un couronnement.

Puis les tourtereaux s'envolent pour la Floride, et leurs admirateurs commencent à s'arracher les souvenirs de cette journée historique. Certains ont conservé depuis des morceaux du tapis qui recouvrait la nef de la basilique : ils ont été coupés et jetés dans la foule après la cérémonie.

Un cousin Dion a fait main basse sur les serviettes, faire-part, menus et autres articles oubliés sur les tables, et les a vendus à l'encan. Mais c'est Trustar, l'éditeur du magazine québécois *7 Jours*, qui remporte le gros lot. Son président, Claude J. Charron, met en vente le lundi suivant quatre cent mille exemplaires d'un numéro spécial consacré au mariage. Le journal propose des clichés exclusifs de la cérémonie et de la réception. Deux jours plus tard, le 21 décembre, tous les exemplaires de l'album souvenir sur papier glacé – 98 pages, 500 photos – se vendront en deux heures. Il faudra calmer les malchanceux qui n'auront pu se procurer le précieux document, et manifesteront leur colère. On réimprime en toute hâte ! Deux cent mille exemplaires de plus se répandent sur le marché au prix de 6,95 dollars. Ce tirage aussi est vite épuisé. Et l'éditeur est contraint d'expliquer qu'il a dû faire face à une pénurie de papier. À en croire la rubrique Économie des journaux, l'événement aura rapporté à Trustar la coquette somme de 6 millions de dollars, en comptant les revenus générés par la vente d'un calendrier et de produits dérivés.

Au couple Dion-Angélil, Trustar verse 200 000 dollars de droits. En effet, Céline et René touchent un pourcentage sur les ventes du fameux album. Cette somme allège de façon conséquente le montant de leur investissement, puisque la facture de la noce s'élève à 500 000 dollars. Ces chiffres sont le produit d'une évaluation globale qui ne tient pas compte des innombrables cadeaux offerts à la mariée.

Outre les dons des invités – 90 277 dollars reversés à l'Association de la fibrose kystique –, il faut mentionner les gains encaissés par les fournisseurs montréalais, et la publicité dont ils ont profité du fait de l'événement.

Le gâteau de mariage a coûté aux mariés la somme de 10 000 dollars. Mais le long tapis bleu déroulé dans la nef de la basilique, le matériel électronique, la sonorisation, le boléro de vison d'une valeur de 8 000 dollars sont des cadeaux offerts par des entreprises montréalaises. Au final, le mariage n'aura rien coûté au couple qui aura bénéficié en sus d'une couverture médiatique internationale. C'est ce que l'on appelle une bonne affaire.

*

Après le mariage, le couple peut enfin s'offrir des vacances. Nous sommes en 1995 et Céline, une fois n'est pas coutume, s'accorde un peu de repos.

« J'ai vingt-six ans, dit-elle. Je n'ai plus envie de courir comme à quinze ans. J'ai besoin de calme et d'une période de tranquillité. »

Pour elle, c'est un luxe inespéré : vivre pendant quelques mois la vie quotidienne d'une femme mariée. Voilà des années qu'elle dort à l'hôtel, endure les décalages horaires, les escales trop rapides et les valises que l'on n'a pas le temps de défaire. L'existence, soudain, ressemble à un jeu agréable !

À Palm Beach, ou chez elle en Floride, elle prend le temps de s'installer, d'aménager son intérieur, d'essayer de nouvelles recettes. Elle repasse le linge de son époux. Elle se prend pour une ménagère. Elle est heureuse.

Mais elle ne tarde pas à se lasser. De nouveau, elle a la bougeotte. Elle se rend aux American Awards dont elle revient bredouille. Elle n'obtient rien non plus aux Grammies. On ne peut pas toujours gagner ! Mais pas d'inquiétude : l'album *The Colour Of My Love* atteint un chiffre de ventes inespéré, plus de sept millions d'exemplaires déjà, alors que la demande ne cesse d'augmenter encore.

Céline, cette année-là, n'obtient aucun prix en France aux Victoires de la musique.

« Ça viendra ! », affirme l'heureux époux, dans un élan d'optimisme.

Le fait est qu'il est déjà en train de préparer une offensive française.

En effet, l'entourage de Céline a pris contact avec des auteurs français. L'artiste envisage à nouveau un album francophone. Il a d'ores et déjà été question de Luc Plamondon, puis de Jean-Jacques Goldman.

Ce dernier est intéressé. Il a lui-même réfléchi à cette « unicité » de voix qu'il poursuit depuis longtemps. Il a écouté tous les disques de Céline. Il a lu tout ce qui existe sur elle. Il est curieux de connaître le personnage, ce phénomène capable de s'adapter à tous les styles de musique.

Quand la rencontre se produit, ce n'est pas une ou deux chansons que Goldman présente à Céline, mais un album complet, taillé sur mesure. Avec ces morceaux, la chanteuse entrevoit la possibilité de créer définitivement une union avec la France. C'est extraordinaire : jamais un auteur-compositeur – qui plus est producteur – n'a touché d'aussi près la *vraie* Céline Dion. Ce que propose Goldman, c'est une voix et une couleur françaises.

« Oublie quelque temps la chanson américaine, dit-il à Céline. C'est pour le public français qu'on va travailler. »

Avec l'humilité des grands artistes, la chanteuse accepte la leçon du maître. Comme elle le dit elle-même, elle consent à « déchanter ».

Jean-Jacques lui explique que les chanteuses à voix ont moins de prestige en France que dans les autres pays. On peut même les considérer parfois comme des artistes un peu vulgaires. La dernière chanteuse à voix, dit-il, fut Édith Piaf, mais c'était une exception.

« Il va falloir moduler, dit-il, nuancer ta voix. Il faudra t'adapter au texte. »

Le lancement de l'album *D'eux* a lieu pour le vingt-septième anniversaire de Céline, le 30 mars 1995.

« C'est l'album de ma vie ! », dit-elle.

René, qui a déjà en tête un prochain album anglophone, pense qu'il sera difficile d'égaler la qualité de ce dernier produit. Il suggère que trois chansons de Goldman soient traduites pour figurer dans le prochain album de Céline.

À l'automne, Céline entreprend une tournée française. Puis elle enchaîne cinq spectacles au Zénith de Paris, devant six mille cinq cents spectateurs. Il est prévu qu'elle revienne à Bercy le 4 décembre, devant quatorze mille spectateurs cette fois.

« C'est la consécration », peut-on lire dans la presse française. Mais cet épisode euphorique s'achève brutalement le 24 octobre, quand Céline interrompt le concert après la quatrième chanson. Elle titube. Elle ne peut plus chanter. Elle se réfugie dans les coulisses où elle fond en larmes. Puis elle revient sur scène offrir au public quelques phrases d'explication. Elle parvient tout de même à finir le spectacle, grâce au soutien de ses admirateurs. Après le dernier morceau, elle s'effondre.

La dernière représentation au Zénith est reportée au 5 décembre. Le Dr Abitole, oto-rhino-laryngologiste, prescrit un repos total de deux jours.

« Une infection légère, dit-il. Les cordes vocales ne sont pas touchées. »

On pense à Édith Piaf : elle aussi donnait tout sur scène, quitte à se mettre en danger. C'était la même générosité. Céline est au milieu du gué, dans une gigantesque tournée de cinq semaines. Elle vient de subir un coup de fatigue. La même chose s'était déjà produite à Sherbrooke en 1989. Angélil, comparant les deux défaillances, a ce commentaire :

« C'est moins grave qu'à Sherbrooke. L'autre fois, c'était l'aphonie totale. On avait eu très peur. Cette fois-ci, c'est sûrement un virus qu'elle a dû attraper pendant le spectacle. » Céline se tait pendant deux jours. Elle s'exprime uniquement par gestes. Puis elle reprend sa tournée européenne. Son disque intitulé *D'eux* vient de franchir le cap des deux millions d'exemplaires.

Le 23 janvier, elle est à Cannes. Elle assiste au Midem – le Marché international du disque et de l'édition musicale. Elle annonce la sortie d'un prochain album francophone. La maison Sony, également présente à Cannes, révèle que *D'eux* est l'album francophone le plus vendu de tous les temps. Quand on pense qu'il a été enregistré en une semaine seulement dans un petit studio français…

*

Dans les années 1960, Phil Spector, le producteur légendaire, a su créer un son nouveau avec, entre autres, « You've Lost That Loving' Feelin' » des Righteous Brothers. Il a ensuite travaillé avec Tina Turner ou encore John Lennon. Il a même composé le très célèbre « Let

It Be » des Beatles. Il passe pour avoir inventé un véritable *Wall of sound* – un mur du son. Il avait alors la particularité d'être le premier producteur à avoir le look et l'âge de ses interprètes.

Il n'avait rien produit depuis 1980 quand on lui a proposé de s'intéresser à Céline Dion, « la voix la plus prometteuse du monde ». Il était alors universellement admiré, et le milieu de la variété internationale était très curieux de voir ce qu'il adviendrait de cette collaboration.

« Un mois avec Céline, ça vous convient ? lui demande le représentant de Sony.

— Parfaitement, répond Spector, enthousiaste. C'est même trop. J'aurai fini avant. »

Trois mois après, on découvre qu'il n'a toujours pas fini. On doute même qu'il finira jamais ce travail. Les gens de Sony, embarrassés, tentent d'étouffer l'affaire et Spector lui-même décide de s'expliquer :

« J'ai eu tôt fait de m'apercevoir que ce que voulait l'entourage de Céline Dion, c'était avoir tout le contrôle sur le projet, pas tellement écrire une nouvelle page de l'histoire de la musique ! Ils ne tenaient pas spécialement à voir la chanteuse s'élever au sommet de son art. En fait, les gens de Sony, ce qu'ils veulent, c'est du fric. On ne se gêne pas pour refiler à Céline les chansons rejetées par Whitney Houston et Mariah Carey. En ce qui me concerne, je ne veux même pas associer mon nom à ceux des autres producteurs de cet album.

« Je possède les enregistrements que j'ai réalisés avec Céline. Je pourrai toujours les diffuser sous mon propre label, à l'intérieur d'un marché clandestin. »

René Angélil est hors de lui : « Il ne peut pas faire ça ! »

Céline Dion lors de ses débuts à Cannes, en janvier 1983. René Angélil, son manager, a tout de suite perçu le potentiel de la jeune chanteuse.
(ph. André Csillag/Rex Fea/Sipa)

Au gala de l'ADISQ 1987, avec Luc Plamondon. Il vient de lui écrire l'album *Incognito*, qui marque un tournant dans sa carrière.
(ph. Pierre Roussel/Newscom/Sipa)

Céline Dion et René Angélil en juin 1990. Pendant longtemps René a voulu cacher son amour pour Céline afin de ne pas détruire sa carrière. Céline, elle, souffrait de ne pas pouvoir partager son bonheur avec ses fans
(ph. David Fisher/Shutterstock/Sipa)

René a enfin consenti au mariage dont Céline rêvait depuis son adolescence. Un mariage royal, tout en blanc, célébré à la basilique Notre-Dame à Montréal, le 17 décembre 1994. (ph. Galbraith/Sipa)

René-Charles, le petit prince tant attendu, voit le jour le 25 janvier 2001. Les fans l'admirent dans les bras de ses parents lors du baptême célébré à la basilique Notre-Dame à Montréal, le 25 juillet 2001. (ph. Carpenter/Sipa)

Céline, René et leur fils de 13 mois sur le plateau du « Oprah Winfrey Show », le 21 mars 2002. Elle se confia ce jour-là sur sa première fécondation *in vitro*. (ph. George Burns/AP/Sipa)

En décembre 2003, Céline plaisante avec un jeune patient à l'Hôpital Sainte-Justine à Montréal. Elle n'a jamais hésité à donner de son temps, de son affection et de son argent pour les enfants malades ou en difficulté dans le monde entier. Ceux-ci constituent sa source d'énergie et sa principale préoccupation.
(ph. Images Distribution/Newscom/Sipa)

Le 7 décembre 2005, Céline Dion et René Angélil tiennent une conférence de presse pour la campagne « Growing up healthy » à l'Hôpital Sainte-Justine à Montréal. Quand elle rencontre des enfants malades, Céline pense souvent à sa nièce Karine, atteinte de fibrose kystique et morte dans ses bras en 1995, à l'âge de 16 ans. (ph. Dimitri Papadopoulos/Newscom/Sipa)

Céline et René ont participé à de nombreuses émissions télévisées, racontant leurs projets professionnels ou confiant des détails sur leur vie de famille. Ici, le 12 avril 2008, dans un show télévisé à Pékin. (ph. Wenn/Sipa)

Lorsqu'elle évoque les années difficiles de la maladie de René, Céline ne peut retenir ses larmes.

Le 16 février 2011, Céline et René avec leurs jumeaux Nelson et Eddy et leur fils René-Charles. Elle entame un nouveau contrat de trois ans au Caesar Palace, à Las Vegas. (ph. Shutterstock/Sipa)

:n mai 2008, Céline et René découvrent leurs statues de cire u musée Grévin, à Paris. Ils sont également présents dans les musées e Las Vegas et de Montréal. (ph. Solal/Sipa)

Mai 2016. Son fils René-Charles vient tout juste de lui remettre le trophée du Billboard Icon Award lors d'un gala à Las Vegas. Ce soir-là, le jeune homme a fait tourner bien des têtes.

(ph. Kathy Hutchins/Newscom/Sipa)

Il sait parfaitement que Sony aurait tous les moyens juridiques pour saisir ces disques *pirates*, néanmoins il est inquiet.

Sur Spector, les avis sont généralement partagés. Beaucoup le considèrent comme un authentique génie, mais d'autres voient en lui un fou qui a eu son heure de gloire et que hantent ses succès d'autrefois.

Fidèle à ses habitudes, il a tenu à prendre le contrôle intégral du studio pendant la session d'enregistrement. Il imposait ses humeurs, multipliait les caprices de génie mal compris et les interminables heures d'attente. Résultat, le temps alloué par Sony a vite été dépassé. Puis un incident se produit : Spector s'enferme dans son bureau et fait poireauter Céline toute une nuit avant de reparaître. René décide de l'arracher à cette maison de dingues. Furieux, déçu par celui qui a compté parmi les idoles de sa jeunesse, il s'écrie :

« Je ne laisserai personne traiter Céline de la sorte ! »

Le 3 février 2003, l'actrice de série B Clara Clarkson est retrouvée assassinée dans le manoir de l'excentrique producteur à Alhambra, Californie. Spector évoque un suicide mais il sera condamné à dix-neuf ans de prison pour meurtre. On savait qu'il sortait armé et qu'il dégainait rapidement son flingue. A-t-il tenté de séduire Céline ? Rien ne semble l'indiquer. Ce qui est sûr, c'est qu'il la respectait comme chanteuse, et qu'il tentait de produire avec elle un chef-d'œuvre. Mais il est non moins vrai qu'il voyait venir la fin de sa carrière, et qu'il n'était pas un homme très fréquentable.

Cette expérience, si malheureuse soit-elle, montre l'attachement de Céline pour le passé de René. Même si vingt-six années les séparent, même si Céline n'a pas comme lui la mémoire des années 1960, elle a accepté de remonter jusque-là, de pénétrer l'univers de Phil Spector afin de mieux atteindre René Angélil. Elle suivra la même démarche en reprenant par exemple des succès de Frank Sinatra et d'Elvis Presley, des artistes qui étaient au sommet de leur carrière quand elle n'était même pas née.

Spector a beau dire, il est sûr qu'un mouvement irrésistible entraîne Céline vers les sommets. Son dernier album, *Falling Into You,* connaît en quelques semaines un succès fulgurant. Il se vendra à trente millions d'exemplaires – un authentique record.

Mais il y a plus. Sony lui renouvelle son contrat pour un montant estimé à 50 millions de dollars américains. Céline interprétera « The Power Of The Dream » aux Jeux olympiques d'Atlanta devant plus de trois milliards de téléspectateurs. Elle prépare pour 1996-1997 un calendrier de près de quatre cents spectacles dans le monde entier. La recette, dit-on, s'élève à 1 milliard.

En 1997, elle obtient deux Grammies : meilleur album de l'année et album pop par excellence. C'est encore *Falling Into You* qui est à l'honneur.

Les ventes de ce disque dépasseront les vingt millions et Céline entrera finalement dans le club très sélect des artistes qui ont vendu cinquante millions d'albums durant leur carrière.

*

Jamais imprésario n'aura partagé le triomphe de son artiste avec une telle élégance, une telle discrétion. Et surtout : avec autant d'amour. Auprès d'elle, René aura joué tous les rôles : imprésario, producteur, metteur en scène, stratège, maître à penser, habilleur, professeur, confident, ami, amoureux, protecteur... Quand le siècle s'achève, ils sont ensemble au sommet de la gloire. À la cérémonie des Oscars 1997, Céline remplace Nathalie Cole, souffrante, et interprète « I Finaly Found Someone » et « Because You Loved Me ».

L'année suivante, à la même cérémonie, elle chante magistralement « My Heart Will Go On », la chanson thème du film *Titanic*. Penser que Céline n'avait aucune envie d'enregistrer cette chanson composée par James Horner ! C'est René qui a insisté et qui, dès la première écoute, avait prédit un énorme succès. On raconte pourtant que Céline a tenté de saboter son interprétation en buvant un cappuccino avant l'enregistrement. C'est le genre de chose qu'elle n'avait jamais fait, sachant que cette boisson a pour effet de faire vibrer sa voix. Résultat : ce morceau deviendra la chanson la plus diffusée de tous les temps, à la radio comme à la télévision. Quant aux ventes de *Falling Into You*, elles dépasseront les trente millions d'exemplaires. Celles de *Let's Talk About Love* – le disque qui comprend la chanson thème du *Titanic* – dépassent également les trente millions. Personne, avant Céline Dion, n'avait vendu plus de soixante millions d'albums en moins de deux ans. C'est en tout cas l'opinion de René Angélil. Désormais, la chanteuse québécoise fraie avec les plus grandes chanteuses du monde. Peut-être est-elle même devenue *la* plus grande, la plus populaire. On la réclame sur tous les continents, on se l'arrache. René estime avoir franchi la barrière de ses rêves les plus fous. Lui et Céline sont riches – au point d'en éprouver un peu de culpabilité. À ce stade de leur entreprise commune, la question est simple : que demander de plus ?

En 1998, la télévision de Radio-Canada se propose de faire mieux connaître au public l'homme qui se cache derrière le succès de la star québécoise : René Angélil. La forme de l'émission est celle du reportage biographique. L'imprésario y évoque ses projets, se confie sur ses états d'âme. Le film ouvre aussi une fenêtre sur la vie privée de Céline et René car plusieurs scènes sont tournées dans leur maison de Jupiter, en Floride. On découvre leur environnement – et leur limousine. Mais la tonalité du reportage est assez sombre. Le téléspectateur qui s'attendait à voir se dérouler une vie de fêtes et de célébrations peut s'estimer surpris.

Par exemple, une scène montre la loge de la chanteuse. René et Céline négocient doucement des dates de concerts, de plages de repos. Puis Céline soupire tristement devant son miroir. Elle est lasse, voire épuisée, au bout du rouleau après une longue séquence faite de multiples apparitions publiques. On devine que la crise de nerfs n'est pas loin. Plus loin, l'artiste se confie à l'animateur Stéphane Bureau :

« On s'est un peu oubliés durant les dernières années. Moi, je veux le connaître, René. J'ai trente ans et lui cinquante-six. Il me semble qu'il serait temps qu'on soit plus souvent ensemble, qu'on se retrouve. Mon mari me manque beaucoup. J'aimerais avoir des enfants. On ne peut pas continuer comme ça pendant dix ans. Après deux disques platines, trois de diamant, un autre spectacle et ainsi de suite. On est en train de perdre nos valeurs. Il faut que ça cesse. » Dans ce reportage, René n'est guère plus heureux. Ses propos aussi trahissent une certaine lassitude :

« Ma vision s'arrête à l'an 2000. Et ça s'arrêtera chez nous au Centre Molson pour fêter la nouvelle année. Ce sera le dernier show ! On a reçu des offres pour de gros spectacles dans de grandes villes, dont Las Vegas et le Madison Square Garden de New York. Mais je voulais que ce soit chez nous. Après, il n'y a pas de plan. On arrête cinq ans, dix ans, je ne sais pas. »

Un silence, puis Stéphane Bureau revient sur le succès, la renommée, la carrière réussie et le prix à payer pour atteindre le sommet. René acquiesce :

« Oui, il y a un prix à payer ! »

Il est au bord des larmes. Il se lève et quitte le studio. Le geste, à l'époque, m'a semblé théâtral. Mais les années ayant passé, je me demande si le prix à payer n'a pas été, tout simplement, celui de sa vie.

Car le comportement de René, pas plus que celui de Céline, n'a rien de théâtral. Ils ne cherchent pas à s'attirer la compassion du public ou de leurs fans.

Radio-Canada n'aurait jamais été complice d'une telle supercherie. En fait, leur réaction est parfaitement sincère. Le couple a une relation difficile avec le métier. Tout se passe comme si le conte de fées s'était transformé en cauchemar. Un an plus tôt, en 1997, Céline avait déjà exprimé le désir de faire une pause. Elle était épuisée, surmenée par de trop nombreux voyages et sollicitations. Mais le repos lui avait été refusé. Et cela pour différentes raisons.

La plus importante est sans doute la réaction de Sony. La compagnie ne tenait pas du tout à voir la chanteuse quitter la scène alors même qu'elle était au sommet de sa popularité. À l'époque, les magnats de l'industrie du disque contrôlent la carrière et la vie de leurs artistes. Quand on met 50 ou 100 millions de dollars sur la table, on estime être en droit de gérer les séances de studio et l'agenda des spectacles.

Sony ne laisse pas le choix à Céline. La tournée « Let's Talk About Love » doit continuer, ne serait-ce que pour promouvoir l'album.

Il y a autre chose encore : un problème personnel qui mine le moral de la chanteuse. Céline n'est toujours pas maman, et elle en souffre. Lorsqu'elle parle de façon imprécise des « vraies valeurs », de la « vraie vie », ce qu'elle a en tête, c'est qu'elle voudrait des enfants. C'est désormais son plus grand désir. Et donc sa plus forte déception. Elle a vécu entourée d'une famille depuis son premier jour ! Or sa fécondité lui cause des soucis. Elle en a le cœur brisé. Même si elle s'abstient d'aborder clairement le sujet en public. Aux médias, elle se contente de dire : « Si ça arrive, ça arrive. Si ça n'arrive pas, tant pis. »

Sauf que la maternité l'obsède. La famille, les enfants : voilà son refuge, son milieu naturel. Si elle ne fréquentait pas l'école quand elle était petite, à Charlemagne, c'est parce qu'elle s'épanouissait à la maison. Enfant, elle n'avait pratiquement pas d'amies. À l'adolescence, pas de petit copain non plus. Même pendant son incroyable ascension vers la célébrité, elle a toujours eu auprès d'elle sa mère, ses sœurs, René qui pour elle faisait partie de la famille. Elle vit comme inconcevable la perspective de se retrouver à la fin de ses jours, ou à la fin de sa carrière, seule et sans enfants.

Le couple a essayé, mais en vain. Sur ce chapitre, rien ne fonctionne. Les exigences du métier et les contraintes intensives ne sont pas favorables à la fécondité. Céline a souffert de règles irrégulières. En général, elle ne dort pas assez. D'où ce besoin urgent, exprimé en 1997, de marquer enfin une pause. Cette année-là, elle portait sa carrière comme un fardeau.

Je me souviens d'une artiste me confiant qu'elle avait multiplié les amants sans jamais craindre les grossesses : « Quand tu chantes tous les soirs dans un cabaret différent, disait-elle, tu ne tombes pas enceinte. » Elle pensait qu'une femme ne peut accoucher si elle n'a pas dix pour cent de son poids en graisse. Ce n'était pas son cas. Et ce n'était pas non plus le cas de Céline.

Selon moi, Céline est une athlète. Du reste, on l'a souvent comparée à Sylvie Bernier, la plongeuse québécoise championne olympique en 1984. Sauf que pour la chanteuse, les Jeux olympiques ne reviennent pas tous les quatre ans, mais plusieurs fois par semaine, et ce depuis presque vingt ans.

*

Alors que Céline amorce la tournée « Let's Talk About Love », le spectacle le plus ambitieux de sa carrière, les travaux vont bon train en Floride, dans leur maison de Jupiter. Là-bas, l'artiste réalise un autre grand rêve. Cette demeure, elle l'a conçue elle-même jusque dans les détails, en collectionnant les magazines de décoration. Elle recherche en particulier les objets rappelant Las Vegas. Ses souvenirs familiaux s'exposent dans des pièces confortables aux couleurs chaudes. Le couple a voulu se créer un cocon. Ils voulaient se mettre à l'abri, se protéger du stress inhérent à leur métier. Et Céline, en fait, ne pense qu'à une chose : la vie de famille. Elle a prévu neuf chambres, plusieurs salles à manger, une salle de cinéma, une grande piscine marquée aux initiales du couple, le tout donnant sur une plage privée longue de cent mètres. Elle a l'œil sur tout : l'architecture proprement dite, le déroulement des travaux, l'ameublement, la disposition des pièces et les couleurs. René Angélil, lui, ne manifeste aucun intérêt pour ce chantier-là : il veille sur l'aspect showbiz de leur destin. Nul doute que Céline se rappelle sa mère tenant la pelle quand elle aidait Adhémar à bâtir leur maison à Charlemagne ! Elle la revoit sur le toit, en train de planter des clous dans la charpente. En fait, elle est heureuse d'aménager un refuge pour les siens. Une maison dont la porte sera toujours ouverte à ses frères et sœurs, à sa mère aussi qui y aura sa propre salle de couture. Pour René, elle a prévu un grand bureau. Il y aura bien sûr des chambres d'amis.

L'inauguration de la maison, à Jupiter, a lieu le 28 juillet 1998. Céline a prévu une surprise pour son petit monde, à présent que le chantier est fini : René et la famille voient se dresser sous leurs yeux, au bord de la mer, une demeure immense, tout illuminée, qui fait immanquablement penser à un château de Disneyland.

Céline est heureuse : enfin une maison qui lui ressemble. Avec trente-trois téléviseurs disséminés partout. Avec sa cuisine somptueuse. Linda, la sœur de Céline, est éblouie. Elle est venue avec Alain, son époux, qui propose immédiatement de se mettre aux fourneaux. Les Angélil décideront bientôt de faire de lui le chef attitré de la maison. Linda, elle, assurera le bon fonctionnement quand le couple sera à l'étranger. Plus tard, ils veilleront sur les enfants…

C'est une tournée particulièrement éprouvante qui attend Céline. Le concert dure deux heures, et il se déroule sur une très vaste scène, avec des effets spéciaux compliqués. La chanteuse est soumise à des efforts physiques intenses. Ce qui est inquiétant car un médecin lui a dit qu'elle ne pourrait pas avoir d'enfants dans ces conditions. D'ailleurs, René aussi a de la peine à suivre le rythme. Le couple commence à envisager sérieusement de marquer un temps d'arrêt, de quitter la scène quelque temps.

Mais le milieu du spectacle a ses règles, et tout ne peut être interrompu du jour au lendemain, surtout quand des contrats ont été signés avec des salles importantes, voire avec des stades en Europe et en Amérique.

Céline, qui a les yeux fixés sur l'horizon de l'an 2000, a repéré une oasis de paix et de fraîcheur : une île située à dix kilomètres au nord de Montréal, appelée Gagnon. Les maisons continuent de passionner la chanteuse qui est aussi très attachée au pays natal. Elle se prend à rêver d'un manoir de pierre grise, doté de belles ouvertures, dressé sur l'île Gagnon. Hélas ! ce projet ne pourra se réaliser avant quelques années.

Car le malheur frappe, alors que le couple traverse une période heureuse. Dans le langage de René, c'est une « mauvaise séquence » qui s'ouvre.

Ce 24 mars 1999, les Angélil sont dans l'avion pour Dallas. Céline remarque une protubérance dans le cou de son mari. René se montre inquiet, mais il n'a pas le temps de s'occuper de ce problème car il prépare l'anniversaire de son épouse.

Les invitations sont déjà lancées, la salle de réception est réservée, une trentaine de personnes sont attendues. Ce sera une très grande fête, comme René les aime.

À Dallas, le couple s'installe au Four Seasons et René convoque le médecin de l'hôtel. Il a l'impression que la fameuse grosseur s'est encore développée. Le docteur lui recommande d'aller consulter à l'hôpital, et de voir un spécialiste. Il précise :

« En urgence ! » Aussitôt, tout s'accélère.

L'hôpital ayant constaté une menace cancéreuse, une biopsie est effectuée. Puis l'intervention chirurgicale est programmée dans les jours suivants. C'est le Dr Robert Steckler qui se chargera de l'intervention. René est entouré de ses amis. Céline, qui s'efforce de venir à son chevet entre deux concerts, voudrait en fait tout arrêter pour pouvoir se consacrer à cent pour cent à son époux.

C'est alors que la vie, pour elle, prend un tournant considérable. René, malade, décide de lui remettre les pleins pouvoirs. Dès lors, elle ne sera plus seulement une chanteuse : elle remplira toutes les fonctions. Elle reviendra sur cet épisode en ces termes :

« Il était si faible ! Je n'avais jamais vu René dans cet état. Il ne pouvait prendre aucune décision. Il était hésitant, perdu. On aurait dit un petit enfant. Il avait besoin de moi. C'était nouveau ! Il a voulu que je le remplace. Il me donnait sa force, son autorité. C'est le plus beau geste de confiance qu'il pouvait faire. Il m'a confié le plus beau rôle de ma vie[1]. »

Des semaines durant, Céline veille sur René. Elle le nourrit, le dorlote, le materne. Ses concerts, alors, ont tous lieu sur le sol des États-Unis ; entre deux spectacles, elle se rend à l'hôpital. Jusqu'au jour où pointe la perspective de la tournée européenne. Que faire ? Continuer ? Annuler les représentations ? René a beau ne pas être maître de toutes ses facultés, son esprit reste lucide quand il s'agit de la carrière de sa femme. Il lui dit : « Écoute, mon amour. En ce moment, tu es tout en

1. Georges-Hébert Germain, *René Angélil, le maître du jeu*, Libre Expression, 2009.

haut. Si ça se trouve, ça ne sera plus jamais aussi fort, aussi glamour. Les États-Unis t'adorent. Ils n'arrêtent pas de te réclamer. Et la France aussi. Le Stade de France va être plein deux fois. Deux fois 90 000 personnes ! Tu te rends compte ? Tu ne peux pas laisser tomber, mon amour. Ça ne reviendra peut-être plus. Et c'est ce qu'on a bâti ensemble.

— Mais qui va s'occuper de toi ?

— Anne-Marie. »

Anne-Marie est la fille de René. Il insiste :

« Tu sais combien elle est dévouée, douce, efficace. Tu n'as aucune raison de t'inquiéter. »

Mais Céline ne veut qu'une chose : rester aux côtés de son mari. Elle dira un jour avoir vécu alors la période la plus difficile de sa carrière. Elle ajoute :

« Mais il voulait absolument que je fasse cette tournée. Je le savais. Alors je l'ai faite pour lui, en ravalant ma peine. »

Après l'anesthésie et l'opération, René revit en pensée tous les événements de l'année 1999. La menace est toujours là. Une fois encore, il a peur. Et si c'était la fin ?

Le Dr Steckler a ordonné un repos complet. René décide que Céline aura besoin d'un bras droit pour gérer ses affaires : ce rôle sera confié à Dave Platel, un collaborateur de longue date. René demande à Dave d'accompagner Céline dans la prochaine tournée.

René est entre de bonnes mains. Robert Steckler est un praticien volontaire qui refuse de voir son patient céder à l'oisiveté et aux jérémiades. Du repos, oui ! Mais il faut aussi lutter, combattre la maladie plutôt que la subir. Jugeant qu'une nouvelle étape doit être franchie, afin d'effacer toute trace de cancer, Steckler propose des sessions de radiothérapie et de chimiothérapie. René est prévenu : ce ne sera pas une épreuve facile. Les produits chimiques sont un poison qui affaiblit le patient, lui font perdre l'appétit, peuvent le rendre définitivement stérile. Pour René, un homme si attaché à la famille, le constat est épouvantable. Pour le mari amoureux aussi. Ne jamais avoir d'enfants de Céline ! Comment se soumettre à une pareille idée ?

En cette année 1999, le salut du couple se trouve à la banque du sperme. Ils s'y rendront bientôt.

Tous ceux qui ont subi une chimio savent combien c'est dur : le corps devient le théâtre d'une lutte à mort entre le remède et la tumeur. Le système immunitaire en ressort ébranlé. René, comme prévu, perdra le goût des aliments : dans sa bouche, subitement, tout a un goût de plâtre ou de médicament. Les journées, d'autre part, sont interminables.

René s'isole, chez lui, à Jupiter. Fini, les retrouvailles entre amis ! Fini, les bons dîners. Il mange à peine, et avec difficulté. Il reçoit de partout des messages d'amour et d'encouragement que Céline lui lit doucement. La vie continuera ainsi au ralenti jusqu'à ce que le patient commence à recouvrer peu à peu son appétit. Autour de lui, on s'attache à cette lueur d'espoir. Et René, finalement, revient à la vie.

Il est encouragé à reprendre des forces par les bonnes nouvelles arrivées d'Europe. Le 19 juin, plus de 80 000 spectateurs viennent acclamer Céline au Stade de France – un édifice impressionnant dont l'inauguration date de l'année précédente, celle de la Coupe du Monde de football qui verra le triomphe des Bleus – 80 000 : il s'agit de l'estimation officielle. Mais certains médias annoncent un chiffre plus important encore, proche de 90 000. Mais qu'importe. La star québécoise, quand elle s'élance sur la scène, ne pense pas seulement à son concert. Elle souffre de ce qui se passe de l'autre côté de l'Atlantique. Va-t-elle perdre son homme ? Peut-on guérir d'un cancer ? Ces pensées la rendent vulnérable et la mettent en danger.

Dans le stade, le public hurle quand elle arrive tout de blanc vêtue. Elle est superbe, royale, magnifique en dépit de ses angoisses intérieures. Elle se maîtrise, elle chante… Et elle pense à René qui l'entend et la regarde à la télévision dans leur maison de Jupiter, Floride. Grâce au satellite, elle communique avec lui par le truchement d'une oreillette cachée dans ses cheveux. Parfois, la foule chante avec elle. Le public lui dit son amour, son amitié, sa compassion dans cette épreuve. Les gens savent qu'elle souffre. Les médias français se sont fait largement l'écho de la maladie de René. D'où ce courant d'affection qui déferle sur le stade. Dans les gradins, des banderoles sont déployées : « Nous sommes avec toi, René ! » Ou bien : « Céline et René, on est avec vous ! » Céline, aveuglée par les spots, parvient tout de même à distinguer ces témoignages. Alors le moral lui revient. Elle est même gonflée à bloc. Elle n'est plus seule dans la douleur. Ils sont plus de 80 000 à la consoler, à l'encourager. Puis Jean-Jacques Goldman la rejoint sur scène et chante avec elle « J'irai où tu iras ». Il demande à René de guérir. René lui répond par l'oreillette de Céline.

Aux médias français, Céline confiera plus tard avoir donné alors le plus beau spectacle de toute sa vie. Plus que jamais, même séparés par un océan, Céline et René partagent la même bulle. Ils fusionnent, accrochés à une seule et même étoile. Céline, ce soir-là, a chanté pour lui et seulement pour lui avec la complicité de 80 000 spectateurs. Et jamais René n'a été autant aimé, célébré, que dans ce stade immense. Ce soir-là, Angélil n'était plus un producteur. Il était applaudi, aimé. Lui aussi était l'artiste – la moitié de Céline Dion, sa douce moitié.

Complices, ils ont inventé un langage destiné à eux seuls. Pour dire « Je t'aime », Céline se frotte le nez. Elle lui fait le « V » de la victoire. Elle forme avec ses doigts le « L » du mot *love*.

Le Stade de France est suivi d'une série de concerts en Europe, puis Céline s'en va donner à Montréal le dernier spectacle de la tournée « Let's Talk About Love ». René est alors en voie de guérison. Pour son retour au Québec, où il apparaît aux côtés de Céline, il a beaucoup maigri.

« Ce sera le dernier show », dit-il.

Au Centre Molson, il monte sur scène avec sa femme. Il est ovationné par le public. Il est minuit. Le temple du hockey tremble de tous ses murs. Les Québécois admirent les plus grands amoureux de leur pays – un couple royal, disent certains.

Les gens applaudissent l'amour qui dure, l'amour qui n'a pas d'âge, l'amour qui traverse le temps, les épreuves, les maladies et les frustrations. L'amour qui se moque des mauvaises langues, des snobs et des incrédules. De l'avis du Dr Steckler, Angélil a vaincu son cancer. On imagine les sentiments partagés par le couple, alors que s'ouvre un nouveau siècle, un nouveau millénaire.

Ils n'ont plus qu'un désir en tête : avoir un enfant.

5

La survie

À l'arrivée du siècle nouveau, René Angélil et Céline Dion sont à mi-chemin de leur ascension. 2000 sera une année charnière pour le couple. René avait lui-même fermé un premier segment en disant qu'il n'avait aucun plan après cette date, et qu'il songeait à vivre enfin une existence normale. Sage décision car la maladie l'avait affaibli. Céline aussi était épuisée par les tournées à l'étranger, les sessions en studio et une notoriété qui lui valait d'être pourchassée partout sur la planète.

L'agenda du couple s'ouvre donc sur des pages blanches en cette année 2000. Aucun engagement n'est pris. Aucun spectacle n'est programmé. Enfin, ils s'appartiennent ! Enfin, ils peuvent apprendre à se connaître, selon les vœux urgents de Céline. Elle n'a jamais eu son mari pour elle. Elle veut des enfants. À plus de trente ans, la cadette d'une famille de quatorze frères et sœurs n'est toujours pas maman.

Les années ont passé vite. Emportés par la course aux succès, Céline et René se sont éloignés l'un de l'autre. Ils ne savent plus très bien qui ils sont. René l'a confirmé dans le reportage télé :

« Quand la popularité de Céline baissera – parce que ça va arriver un jour – qu'est-ce qui nous restera ? La famille ! C'est ce qu'il y a de plus important dans la vie. Quand on a tout perdu, il reste la famille. »

La famille : justement, elle est à l'ordre du jour. Ainsi que l'aspiration à des habitudes plus intimes, plus proches de leurs émotions. Et puis il faut protéger René qui sort d'une grave maladie. En tant qu'homme d'affaires et producteur, il a tout remporté. Comme Céline, et avec elle, il a atteint le sommet de ses ambitions. Qu'espérer encore ?

Les voilà soudain face à face ; et chacun face à lui-même.

Ils doivent maintenant réapprendre à vivre, à ne pas se laisser déposséder par la gloire.

René a grand besoin de recouvrer la santé et Céline refuse d'aller plus loin sans devenir maman. Tel est donc leur programme. Ils attaquent les années 2000 avec cet objectif. L'ambition cède la place à une vie de qualité. C'est le second chapitre de leur vie de couple qui est en train de s'ouvrir, une vie de couple marquée par la volonté de survivre et de prolonger cette survie, dirai-je, au-delà de la mort.

Tel est l'état d'esprit de Céline quand elle décide d'organiser pour leur cinq ans de mariage une grande fête réunissant parents et amis. Le couple va renouveler ses vœux. Comme toujours, le chiffre 5 les hante ! René et Céline ont vécu cinq ans ensemble. Puis ils ont été mariés cinq ans. Ils souhaitent célébrer leur union en honorant les origines libanaises et syriennes de René. L'événement a lieu dans la grande salle de bal du Caesars Palace. Et il se donnera, bien sûr, un 5 janvier.

Céline, qui tient à rendre hommage à la culture de son homme, a pensé à une cérémonie digne des contes des *Mille et Une Nuits.* Elle sera Shéhérazade et lui, le Grand Calife. À cette reconstitution, rien ne manque : ni les chameaux, ni la musique orientale, ni les longues robes serties de pierres. On a même installé, dans la salle de bal, un jardin d'Orient planté de tentes berbères. René est en blanc. Céline porte une robe dorée signée Givenchy.

Luxe, richesse, opulence : Céline a voulu ça. Elle le reconnaît devant Georges-Hébert Germain dans son autobiographie :

« Beaucoup de gens ont dit encore une fois que nous avons fait étalage de notre richesse. Peut-être. Et alors ? La richesse ne se cache pas. Je voulais que cet événement soit d'abord et avant tout une proclamation publique de notre amour. Je voulais que le monde entier entende ce que j'avais à dire de plus important : “René, je t'aime.” C'était le but de l'événement. Ça ne pouvait pas être discret. »

« Notre vie ensemble, c'est mon conte de fées… Quand on a la chance de pouvoir être extravagant, un peu fou, de faire rêver les autres en même temps que soi, je prétends qu'il ne faut pas s'en priver[1]. »

De retour à Jupiter, les époux découvrent la vie paisible et heureuse que mènent la plupart des couples : une existence normale, en somme. Céline, d'autre part, a toujours affirmé que son objectif était désormais de mieux connaître son mari. Elle lui dit des

1. *Op. cit.*

choses qu'elle n'avait jamais dites. Elle lui révèle ses pensées secrètes. Elle lui parle de lui et des autres. Elle veut la transparence, la vérité. Elle peut se le permettre, à présent qu'elle est avec René dans une fusion totale. Elle se rappellera plus tard avoir vécu cette année-là, la première année du siècle nouveau, le plus bel hiver de toute son existence :

« On évitait les mondanités. On recevait seulement la famille et une poignée d'amis. On faisait l'amour, on regardait la télé. On n'avait jamais eu le temps de connaître ça avant. C'était simple et merveilleux. Nous avions frôlé la mort mais nous étions plus vivants que jamais. Aujourd'hui, je dirais que si cette épreuve a été terrible à vivre, elle nous a rapprochés. Je crois qu'il y a eu dans cette séquence beaucoup de choses positives[1]. »

Céline n'a jamais aussi bien exprimé la fusion dans le bonheur comme dans le malheur. Ce que son homme éprouve, elle l'éprouve aussi. Elle survit avec lui. La maladie de René lui a donné des forces nouvelles, un rôle plus actif dans la vie du couple. Ce nouveau chapitre s'impose comme une évidence.

Fini, le stress des tournées ! Plus de performance sur scène. Adieu, les interviews, le vacarme des stades immenses, la pression des médias et les décalages horaires. Céline ménage son corps. Elle prend son temps. Elle va au spectacle comme tout le monde, cachée derrière des lunettes noires. Elle repasse les chemises de son mari. Cette tranquillité est une chose nécessaire pour une femme qui essaie de tomber enceinte.

1. *Op. cit.*

Suivant les conseils de son médecin, elle se rend à New York avec René, dans une clinique spécialisée où elle subit deux interventions délicates, les 25 et 28 mai 2000. L'opération est pénible mais qu'importe ! Seul compte le résultat. La maternité est devenue une obsession pour elle. La douleur ne saurait être un obstacle à l'accomplissement de ce rêve. La tentative de fécondation *in vitro* dure trois jours – trois jours durant lesquels les époux se cramponnent à l'espoir et comptent sur un miracle, car ils savent que les chances de succès se situent en 35 et 40 pour cent.

La méthode choisie consiste à stimuler l'ovulation par la prise de médicaments. Une fois établie la maturité des ovules, ils sont prélevés dans les ovaires à l'aide d'une aiguille. Puis ils sont fécondés en laboratoire avec le sperme. Trois jours après, ils sont réimplantés dans le corps de la patiente. Dès lors, il faut attendre encore deux semaines pour que le médecin procède à un examen de grossesse. Comme l'opération se déroule avec plusieurs ovules, les chances d'avoir des jumeaux sont plus élevées que la moyenne. Coût total du traitement en 2000 : 10 000 dollars américains.

Quatre semaines après l'acte, Céline est enceinte. Il est encore tôt pour se prononcer, car les risques de fausse couche sont élevés, mais le médecin déclare :

« Si tout se passe bien, dans trois semaines, elle pourra entendre battre le cœur de son enfant. »

Céline est rayonnante. Il lui est impossible de ne pas partager sa joie :

« Le bonheur ne se cache pas. Nous ne pouvons garder pour nous seuls ce trop grand et trop beau secret. Nous vous informons, René et moi, que notre rêve le plus cher va devenir réalité. »

Elle a trente-deux ans, il en a cinquante-huit.

La nouvelle fait le tour du monde. Le public apprend, en même temps, que René Angélil a vaincu son cancer. La coïncidence est digne d'un scénario hollywoodien.

Céline et René ont opté désormais pour la transparence dans leurs rapports avec les médias. Ils jugent que c'est la meilleure façon de faire taire les rumeurs. Et ils ont besoin de dire la vérité après tant d'années passées à jouer à cache-cache avec les reporters et les paparazzi. Céline a grandement souffert de ces amours clandestines. Et René lui-même avait fini par se rendre compte qu'essayer d'éviter les journalistes était le meilleur moyen de les avoir tout le temps sur le dos ! Quand ils n'ont rien à se mettre sous la dent, ils inventent, et quand ils inventent, c'est pire que la vérité…

La grossesse ne tarde pas à être visible. Céline a grossi de 20 kilos mais elle est aux anges. Une photo de Céline Dion enceinte se négocie jusqu'à 50 000 dollars.

Quant à René, maintenant qu'il est guéri, il se sent pousser des ailes. Il va de concert en concert en tant que spectateur. Céline l'accompagne. Un jour, à Las Vegas, il voit s'allumer dans les yeux de sa femme une étincelle qu'il connaît bien, celle du coup de foudre artistique. Ils viennent d'assister à « O », le célèbre spectacle monté par le Cirque du Soleil. Céline dit spontanément à René :

« Voilà ! C'est ça que je voudrais faire ! »

René n'a aucune hésitation. Il emmène Céline dans la loge où ils rencontrent les magiciens de cette superproduction.

Leur univers est une révélation pour le couple. Ils y voient la formule de l'avenir. Le Cirque du Soleil, le cirque tel que réinventé par des Québécois sous la direction de Guy Laliberté, représente tout simplement une révolution. Laliberté, musicien et avaleur de feu, a fondé un cirque sans ménagerie. Il mise sur des personnages de contes de fées entourés de musiciens, d'acrobates, de jongleurs et de chanteurs. Ses artistes évoluent dans des décors futuristes et des costumes entièrement nouveaux, conçus par des créateurs imaginatifs.

Céline et René rencontrent Laliberté, ainsi que le metteur en scène Franco Dragone qui a vu Céline au Stade de France et se souvient d'une soirée très impressionnante. Il rêve depuis lors de monter un spectacle avec elle. L'occasion est trop belle. Dragone est invité chez les Angélil. C'est un artiste passionné, convaincant, dont la réputation de metteur en scène est incomparable. On le sollicite en Europe et en Amérique. C'est l'un des grands magiciens du cirque moderne – et surtout du Cirque du Soleil. Il est généralement difficile de résister à ses idées, et il a justement une idée pour Céline.

Devant la terre entière, Céline et René avaient juré de tout arrêter et de s'offrir une période de vacances sans durée définie. D'abord, ils se mettent à caresser l'idée de Dragone comme on poursuit un rêve encore vague. Puis le projet creuse son chemin. Finalement, le cerveau d'Angélil tourne à plein régime. Ce défi inattendu, il a maintenant envie de le relever. Le couple revenu de tout brûle de se jeter à nouveau dans le grand bain. René imagine déjà ce que signifiera concrètement un spectacle inspiré par le Cirque du Soleil. Pas de tournée ! Plus de voyages éprouvants. Il suffira de disposer d'un espace circulaire convivial où se produiront les acrobates, les jongleurs et les danseurs, avec des effets visuels, un décor réinventé et beaucoup de technologie. Ce lieu sera permanent. Et il se situera à Las Vegas…

Mais Céline est-elle prête à déménager à Las Vegas ?

« Absolument ! répond-elle. Aucun problème. »

Dès lors, tout s'enchaîne rapidement.

Dragone a précisé que le spectacle de Céline devrait tenir l'affiche un an avant de devenir rentable. Ensuite, on peut espérer continuer pendant deux ou trois ans de plus. Les Angélil y voient l'occasion d'une belle aventure à l'intérieur de leur congé sabbatique.

Et puis le show-biz a changé au tournant du siècle. Les chanteurs ne vendent plus leurs disques par dizaines de millions comme hier. L'avènement d'Internet et de la musique en ligne a modifié le modèle économique et permis au piratage de connaître un fort développement. En revanche, le spectacle vivant prend de l'ampleur. Michael Jackson et sa famille ne sont pas étrangers au phénomène. Pourtant, aucun artiste de variété n'a encore pris le risque de s'installer en permanence à Las Vegas. Et c'est justement ce risque qui excite l'imagination de René. Celle de Céline aussi, d'ailleurs : elle a appris de longue date à se mesurer aux défis de son imprésario de mari.

Cependant l'enjeu est de taille. Réussir à établir Céline Dion à Las Vegas ! René, qui négocie avec le grand patron du Caesars Palace, ainsi qu'avec d'autres propriétaires de casinos, mesure l'ampleur de l'entreprise. Il faut trouver une salle de spectacle de 4 000 places à même d'accueillir une production d'avant-garde et un matériel coûteux. L'idée est en effet de s'inspirer des spectacles déjà donnés par le Cirque du Soleil : « O » et « Nouba », deux événements qui ont fait sensation en Floride, dans l'univers Disney.

Les négociations s'étalent sur plusieurs mois. On en vient à la conclusion qu'il faudra construire un amphithéâtre pour Céline Dion. Il s'agira d'une des plus importantes réalisations de René Angélil. Et il lui faudra du temps pour la faire accepter par des magnats du spectacle dont le passé est marqué par des noms prestigieux : Sinatra, Presley, Liberace et tant d'autres. Une salle bâtie sur mesure pour une artiste venue d'ailleurs ! Ils n'en croient pas leurs oreilles !

Alors que René est en pleine négociation, il est informé d'une plainte déposée à son encontre par une résidente de Los Angeles, une femme d'origine coréenne du nom de Yun Kyeong Sung Kwon. L'action en justice qu'elle souhaite intenter concerne des chefs d'agression sexuelle, voies de fait et menaces de mort. La plaignante reproche à Angélil de l'avoir agressée dans l'ascenseur d'un casino, ainsi que dans sa chambre de l'Imperial Palace, en mars 2000. Elle affirme avoir été violée. Angélil lui aurait aussi promis de la tuer si Céline venait à avoir connaissance des faits. Puis, dit-elle, un accord amiable a été conclu. Mais certaines clauses de cet accord n'auraient pas été respectées. Angélil, par exemple, aurait omis de s'excuser, et de présenter à Mme Yun Kyeong Sung Kwon la preuve qu'il n'était pas contaminé par le virus du sida.

L'accusation semble tellement fantaisiste aux policiers qu'ils omettent de dresser un rapport en bonne et due forme. L'affaire finira sur le bureau de la juge Jackie Glass, du comté de Clark, Nevada. Mme Yun Kyeong Sung Kwon se verra inculpée pour tentative d'extorsion de fonds, et condamnée à cinq ans de prison en janvier 2005. Une affaire de « totale cupidité », commentera la juge au prononcé de la sentence. Ae Hoe Kwon, complice et époux de l'accusée, sera lui-même traîné en justice le mois suivant.

L'arnaqueuse avait mal choisi son pigeon. En mars 2000, au moment des faits allégués, René relevait d'une intervention chirurgicale. Il était très affaibli. On pouvait émettre des doutes sur sa *vigueur* après le traitement en chimiothérapie. Du reste, Angélil est une personnalité publique. Il sait parfaitement que les célébrités sont à la merci des escrocs dans la ville du vice. On s'étonnera pourtant d'apprendre qu'il a accepté de verser 2 millions de dollars à son accusatrice. Pourquoi ?

« Je n'aurais pas donné un cent à cette femme, dira-t-il à Montréal devant les caméras de la chaîne TVA, si Céline n'avait pas été enceinte. Ma femme était fragile, affaiblie, et moi aussi. »

Rien n'indique que Céline a pu être perturbée par cette affaire. Elle se déclare peinée de tout le mal que l'on a fait à René.

Sur quoi, l'épisode est oublié. Le 16 janvier, pour les cinquante-huit ans de René, Céline organise un pique-nique dans un parc de Jupiter, non loin de leur résidence. Elle a cuisiné des mets libanais pour l'homme de sa vie. René est touché, et toujours étonné de l'énergie déployée par son épouse enceinte.

Quelques jours plus tard, Céline est hospitalisée. L'accouchement s'annonce difficile. Après quatorze heures de travail, les médecins décident de pratiquer une césarienne. Dieu soit loué ! le bébé est en parfaite santé. Nous sommes le 25 janvier 2001. Une dizaine d'années plus tard, assistant au baptême de Romy, la fille de Julie Snyder et de Pierre-Karl Péladeau, Céline aura cette confidence :

« Quand j'étais enceinte de René-Charles, j'espérais une fille. Puis on m'a appris que c'était un garçon. René était si heureux ! Je lui ai demandé pourquoi. Il m'a répondu : "Je sais qu'il prendra soin de toi plus tard." »

Nulle déception dans le propos de Céline. René-Charles est sûrement l'être qui compte le plus pour elle. Et René, une fois de plus, avait eu raison.

Le baptême aura lieu six mois après en la basilique Notre-Dame de Montréal. L'événement, bien sûr, attire les médias. Puis les invités vont faire la fête sur l'île Gagnon où Céline et René ont acquis l'impressionnant manoir dont ils rêvaient. C'est une maison de style normand. Elle compte six salles de bains, six chambres et une salle à manger capable d'accueillir dix-huit convives. Cette majestueuse demeure se dresse sur une île privée de 8 hectares. C'est le lieu idéal pour une famille qui a renoncé à un nomadisme incessant.

Céline, devenue mère, est métamorphosée. Elle n'a d'yeux que pour son enfant.

« J'ai l'intention, dit-elle, d'accorder toute mon attention à mon fils pendant sa première année. Rien n'est plus important. »

René aussi vit la chose pleinement. Et même, il n'aurait pas imaginé être aussi impliqué. Il a voulu cet enfant, certes, mais c'était surtout pour faire plaisir à sa femme. Elle aspirait tellement à la maternité ! Pour sa part, il commençait à se voir vieillir et il était déjà trois fois père. Mais subitement, son état d'esprit a changé. Cette expérience-là diffère de ce qu'il a vécu précédemment, et de ce qu'ont vécu ses amis. En fait, il a eu très peur de mourir et l'arrivée de René-Charles fait un peu figure de renaissance, d'électrochoc. Du reste, la coïncidence d'une guérison et d'une naissance a quelque chose de troublant. René a toujours été à l'affût des signes du destin : cette fois, il est servi, son fils lui lance un appel à la vie.

« J'espérais cet enfant pour Céline, dit-il. Tout en me trouvant un peu vieux pour être père. Mais quand je l'ai vu, j'aurais donné ma vie pour lui. »

Il a toujours regretté de n'avoir pas accordé à ses enfants toute l'attention qu'ils étaient en droit d'espérer de sa part, et dont ils avaient grand besoin. La culpabilité est là. Alors qu'il n'est plus aussi jeune qu'à l'époque, il a maintenant du temps à offrir à son fils, et les moyens financiers nécessaires. Aussi René-Charles bénéficiera-t-il de toutes les attentions d'Angélil. Sans parler de celles du grand public dont il se protégera bientôt en se cachant derrière ses longs cheveux.

*

En 2002, le couple achète une maison à Henderson, une banlieue chic située à une vingtaine de kilomètres du Caesars Palace. Cette résidence est beaucoup plus modeste que celle de Jupiter et cependant chaleureuse. Elle possède trois chambres et un environnement très calme, comparé aux agglomérations qui entourent Las Vegas. Elle se dresse à proximité d'un terrain de golf, non loin d'un lac artificiel. Elle est entourée des superbes collines désertiques qui composent le parc naturel de Lake Mead. Les Angélil ont là-bas pour voisins Mike Tyson, André Agassi ou encore Steffi Graf. Ce nouveau domicile ne leur a même pas coûté 1,2 million de dollars. Ils ont l'intention d'y habiter jusqu'en 2007, c'est-à-dire jusqu'à la fin du contrat auquel est liée la chanteuse. Ensuite, ils retourneront à Jupiter.

« C'est la maison la plus petite que nous ayons eue, dit Céline. Mais elle nous convient pour le moment. Plus tard, on y fera des travaux. L'endroit est extraordinaire et c'est ce qui compte[1]. »

*

Pendant que Céline concentre toutes ses attentions sur son fils, René s'affaire à parachever le lieu de rêve qui accueillera le show de Céline. Le Colosseum, le théâtre conçu spécialement pour le spectacle « A New Day », aura coûté finalement plus de 100 millions de dollars. Il dispose de 4 300 fauteuils et son écran LED, le plus grand de toute l'Amérique, permet de créer d'hallucinants décors virtuels. La climatisation est particulièrement bonne, afin de protéger la voix de la chanteuse dont la loge ressemble à une maison des plus confortables : salle à manger, salon, luxueuse salle de bains et tous les accessoires audiovisuels nécessaires – René a obtenu que ce privilège figure dans le contrat. Quant à la scène inclinée, elle obéit à la volonté de Franco Dragone : les spectateurs doivent avoir la meilleure vision possible.

À la maison, Céline est heureuse dans son nouveau rôle de mère et de femme au foyer. Elle s'occupe de tout, aidée de sa sœur Linda qui est devenue la nounou de René-Charles. Alain Sylvestre, son mari, est non seulement le factotum de la demeure, mais aussi le chef dont les recettes s'adaptent aux goûts de la famille.

Céline n'a jamais eu le temps de nourrir des amitiés. Elle regrette cependant d'avoir dû s'éloigner de

1. *Paris Match*, janvier 2016 ; virtualglobetrotting.com

sa meilleure amie, Robin Slavin, qui habite toujours à Jupiter. L'artiste, cependant, ne voit pas le temps passer. Elle a même une réaction de surprise en apprenant que la construction du Colosseum est achevée, et que l'heure arrivera bientôt de commencer les répétitions.

Deux ans ont passé depuis la dernière fois que Céline est montée sur scène. On ne se trompera guère en affirmant que les concerts ne lui ont pas manqué. De toute façon, son fils n'aime pas être séparé d'elle, ni la voir entourée d'une foule innombrable. Cet enfant est en totale fusion avec sa mère. Il déteste la partager avec quiconque. Les fans de Céline Dion lui font peur.

Et Céline elle-même se définit désormais comme une mère. Elle est chanteuse, certes, mais en deuxième lieu. Soudain, tout est remis en question. Elle informe René de sa décision : elle ne se produira pas au Colosseum. René, qui s'est remis de son cancer et se sentait revivre, accuse le choc :

« Tu as signé. Tu réalises ce que ça veut dire, un contrat ? Tu as une idée de l'argent que le Caesars a investi dans l'opération ? Du nombre de personnes qui ont travaillé au projet ? Céline ! C'est le plus grand show de ta vie ! Le meilleur jamais produit à Las Vegas. Tu ne peux plus reculer, c'est trop tard…

— Je suis prête à payer 50 millions pour l'annulation du contrat », réplique Céline.

Elle pleure, elle supplie. René ouvre la négociation avec elle. Il sait gérer ce genre de difficultés, il a le talent pour ça. Tout en passant pour un homme autoritaire et coléreux, il est capable de montrer une grande patience. Surtout quand il s'agit de Céline.

S'ensuivent de très longs palabres. Et Céline consent finalement à répéter ce spectacle. À une condition, toutefois : elle veut avoir constamment son fils auprès d'elle. Elle tient aussi à mettre les choses au point :

« Si ça ne marche pas, je laisse tomber. »

René encaisse les sautes d'humeur de sa femme. Il sait qu'elle traverse une crise, qu'elle est déchirée entre les deux amours de sa vie : son fils et la scène. Et ce conflit est d'autant plus vif que la salle conçue pour elle offre tout ce qu'elle a pu espérer en tant que chanteuse. En fait, se séparer de l'enfant lui semble une épreuve insurmontable. Mais le petit René-Charles, lui, accepte de partager sa maman avec d'autres, pour la première fois.

Céline sait fort bien qu'elle ne fera jamais rien à moitié. Ce défi, comme les autres par le passé, exige une implication totale et entière. Le spectacle « A New Day » est sans doute le projet le plus ambitieux de sa carrière. À la performance vocale, s'ajoute un investissement physique énorme : l'artiste, une fois sur scène, devra courir et voler. Elle chantera « The First Time Ever I Saw Your Face » dans un harnais, suspendue à un fil invisible. Une prouesse d'acrobate ! Après s'être préparée à cette épreuve avec l'équipe olympique belge, elle parvient à éblouir la production au complet : 164 musiciens, danseurs, techniciens, habilleuses, maquilleuses et autres.

La première est donnée le 25 mars 2003. Des personnalités sont présentes au Colosseum. Céline et Dragone savent déjà que le spectacle sera un succès, et qu'il attirera des millions de spectateurs.

Pourtant, certains observateurs n'auraient pas parié grand-chose sur une telle idée. Céline Dion essayant de conquérir la Sin City ! La chanteuse se produisant avec des imitateurs d'Elvis et des chanteurs sur le déclin habitués à végéter dans les cabarets les moins prestigieux de

Las Vegas… Même Eddy Marnay, l'homme qui a composé les premières chansons de Céline, est sûr que la carrière de Céline est sur le point de s'arrêter à Las Vegas. Ces oiseaux de mauvais augure oublient deux choses : le Cirque du Soleil a révolutionné le spectacle vivant, et l'artiste Céline Dion est prête à offrir une prestation extraordinaire.

En effet, dès la première partie, les sceptiques sont réduits au silence. Tous les soirs, le Colosseum est comble et les spectateurs sont séduits : la chanteuse, qui s'est habituée aux disciplines du cirque, incarne superbement l'univers magique de Franco Dragone. Au final, pas moins de deux millions de personnes viendront assister à un spectacle dont les retombées économiques atteindront chaque année les 114 millions de dollars. Les propriétaires du Caesars Palace sont ravis. À Las Vegas, le prénom Celine – sans accent ! – affiché à l'entrée de leur célèbre établissement brille comme un synonyme de succès.

Mais en 2003, des épreuves attendent Céline. Il y a d'abord ces blessures musculaires au cou et au thorax dont elle est victime en effectuant son vol au-dessus de la scène. Cette prouesse fort appréciée du public doit être confiée à une doublure. Viennent ensuite deux décès : Adhémar et Eddy Marnay. La chanteuse est affectée par la disparition de son père. Et quant à Eddy, il était un peu son père artistique. C'est à lui qu'elle devait ses premières chansons, et il n'aura pas assisté finalement au triomphe de Las Vegas. Bien sûr, René et Céline avaient dû se tourner vers d'autres paroliers et compositeurs quand la chanteuse avait changé de style dans les années 1980, mais Eddy était resté pour eux un ami fidèle. Céline, sous le choc, est obligée d'aller chercher sa force tout au fond d'elle-même pour pouvoir continuer de communiquer de l'émotion dans le Colosseum. Fidèle à sa spontanéité naturelle, c'est sur scène qu'elle annonce la disparition de son père. Elle ajoute en retenant ses larmes :

« Ce soir, je chante pour toi, papa. »

Et le public d'applaudir à tout rompre pour l'aider à supporter son chagrin.

Adhémar était tombé malade et Thérèse évoque ce triste épisode dans sa biographie :

« Il me disait qu'il était tellement diminué par la maladie qu'il se sentait inutile et qu'il voulait partir. J'ai répondu que je le comprenais. Il m'avait demandé la permission de mourir[1]. »

Les funérailles ont lieu à Charlemagne. Céline, bien sûr, est présente. Quelques jours plus tard, elle libère des ballons dans le ciel – geste qu'elle reproduira treize ans plus tard quand René à son tour s'en ira là-haut rejoindre Adhémar. Le petit René-Charles aimait son grand-père et Céline ne sait comment lui apprendre la nouvelle. Elle décide de temporiser, de taire ce deuil. L'enfant finit par demander des nouvelles du vieil homme. Elle lui répond alors qu'il est au ciel avec les ballons. Mais René-Charles savait. Il avait déjà compris. La réponse de sa mère le rassure cependant, et il ne fait aucun commentaire.

Adhémar restera dans le cœur des Dion, même si Thérèse décide de reprendre son nom de jeune fille : Tanguay. Quelques années plus tard, lors d'un anniversaire, René Angélil organisera pour elle à Las Vegas un grand repas où s'affirmeront les liens puissants unissant

1. *Op. cit.*

toute la famille. Pour l'occasion, René commande les plats préférés de Thérèse, ainsi que son champagne favori. Sur la table, se dressent dix roses représentant les dix enfants absents. Quatorze bougies brillent sur le gâteau d'anniversaire, plus une autre, moins grande, qui symbolise Adhémar, l'homme que ni Céline ni sa mère ne sauraient oublier.

Au Colosseum, une certaine routine commence à s'installer. De légers changements sont effectués dans l'ordre des chansons, dans le programme du concert aussi, et dans la mise en scène. Mais ce sont des modifications mineures. La formule est gagnante, mieux vaut ne pas trop y toucher !

Céline se présente généralement vers 17 h 30, sauf répétition spéciale. Après le concert, elle a l'habitude de rencontrer les invités, et il s'agit souvent de personnalités célèbres : Michael Douglas, Catherine Zeta-Jones, Muhammad Ali, Sylvester Stallone, Oprah Winfrey, Jean Paul Gauthier, sir George Martin, Arnold Schwarzenegger, pour n'en citer que quelques-uns.

À l'automne 2003, la chanteuse maîtrise entièrement le spectacle. Elle s'offre le luxe d'enregistrer l'album français *Une fille et quatre types*, et d'en faire la promo.

En septembre de l'année suivante, l'acteur américain Michael Douglas remet à Céline Dion le Diamond Award de l'artiste féminin ayant vendu le plus de disques de toute l'histoire de la musique. La cérémonie a lieu dans le cadre du World Music Awards qui se déroule ordinairement à Monaco, mais qui cette année-là prend place exceptionnellement à Las Vegas. Un chiffre impressionnant est mentionné alors : 175 millions de disques vendus ! Au total, Céline en aura écoulé plus de 200 millions. Elle aura été récompensée par deux Oscars, trois Victoires de la musique, douze trophées du World Wide Music et un Icon Award. Sa fortune dépasse les 700 millions de dollars.

Toujours en 2004, elle enregistre un album concept intitulé *Miracle*. Le disque se compose de berceuses à même de toucher tous les enfants de la Terre. Il est lancé en octobre.

Les premières années du nouveau siècle semblent offrir une grande harmonie à la chanteuse québécoise. Grâce à cet arrangement au Caesars Palace, elle mène une existence plus stable qui la comble entièrement. Elle a auprès d'elle l'homme qu'elle aime et son fils, qui l'accompagne souvent dans les coulisses du Colosseum, voire sur scène quelquefois, pour la plus grande joie du public.

Et Céline, durant cette période, se livre entièrement à ses fans. René approuve ce choix qui perdurera pendant des années. C'est eux, en fait, qui auront désormais la maîtrise des scoops dans la presse écrite, parlée et télévisée. Dans une précédente biographie de Céline Dion – une biographie non autorisée, précisons-le –, j'ai pu écrire que René Angélil se faisait fort de manipuler les médias quand son artiste débutait. Je n'en dirais pas autant aujourd'hui. En effet, un changement radical s'est opéré dans les années 2000.

Selon moi, Céline Dion est devenue la star internationale qui pratique la plus grande transparence. C'est elle qui se montre la plus coopérative et la plus honnête avec les médias. René Angélil, qui s'est adapté à cette nouvelle situation, n'exerce plus comme par le passé un contrôle draconien sur la communication de son artiste. On peut dire que le couple s'est humanisé, vulnérabilisé même. Désormais, les époux ne cachent plus leurs faiblesses, leurs sautes d'humeurs et leurs regrets.

Or personne, dans le monde du show-biz, ne réagit ainsi de nos jours. Madonna se terre dans ses appartements ou dans sa voiture, elle ferme la porte aux médias. Pensons aussi à la relation d'Elvis et du célèbre colonel Parker, un homme que René admirait. Le colonel interdisait à son chanteur d'accorder des interviews et de sortir de sa cage dorée de Graceland. Frank Sinatra ? Il était à couteaux tirés avec la presse ! Même les Beatles cultivaient le secret. Céline et René, eux, ont décidé que le public méritait des égards.

Le problème de l'addiction au jeu, par exemple : ils ont admis que René souffrait de cette maladie. Écoutons René Angélil :

« C'est comme l'alcool. On ne peut pas s'en passer. Au poker, dans l'ensemble, je gagne, mais dans les autres jeux, c'est le casino qui finit par gagner. Pour me protéger, je ne signe jamais un chèque seul. Le comptable de ma compagnie doit signer aussi. Je me protège comme ça[1]. »

Chez Larry King, à la télévision, Céline a reconnu avoir eu recours à la fécondation *in vitro* dans un hôpital spécialisé de New York. Elle a même révélé tous les détails de l'opération. Larry King est un présentateur de CNN qui avait déjà interrogé toutes les célébrités d'Hollywood et du monde. On aurait pu le croire blasé. Mais Céline l'a surpris par sa franchise. En général, les interlocuteurs de Larry se perdent dans les circonlocutions, ou pratiquent la langue de bois. Céline, elle, n'a pas recours à des faux-fuyants : elle dit toute la vérité. Elle va jusqu'à confier à Larry qu'elle n'avait couché

1. « Denis Lévesque », TVA, octobre 2012.

qu'avec un seul homme. Un tel romantisme n'est pas forcément apprécié au XXIe siècle. Ni d'ailleurs une telle proclamation de vertu. Mais Céline est à l'aise avec ces questions :

« Je n'ai pas de scandale à raconter. Je ne prends pas de drogue, je ne suis pas alcoolique, je ne cours pas les aventures. Je sais que ça peut décevoir certains journalistes à sensation, mais je n'ai pas envie d'inventer des choses pour faire vendre un journal. Dans un monde idéal, il n'y aurait pas de secrets, donc pas de rumeurs, pas de potins. »

Quitte à provoquer des controverses, elle assume sans complexe le devoir qu'elle s'impose de défendre la vérité. En France, elle a créé un lien privilégié avec le public gay depuis sa reprise en 1993 de « Ziggy », une chanson extraite de l'opéra rock *Starmania*. Par la suite, elle s'est prononcée en faveur du mariage homosexuel.

Elle a fait sensation également aux États-Unis en prenant souvent position, sur les plateaux de télé, en faveur d'un maternage actif. Elle prône l'allaitement tardif, l'accouchement tardif, la scolarité à la maison et le cododo. Elle ne serait pas contre le fait de choisir le sexe de son prochain enfant. Les livres sur l'éducation, elle les a achetés et consultés avant de les remettre sur leur étagère. Elle tient en effet à se concentrer sur ce qu'elle croit sain et bénéfique pour sa progéniture. Par exemple, elle estime que l'allaitement doit durer le plus longtemps possible. Selon elle, il n'y a aucune limite. Dans le cas de René-Charles, il a duré plus de deux ans, et s'est prolongé alors que le petit parlait et marchait.

Le cododo consiste à dormir avec les enfants aussi longtemps qu'ils en éprouvent le besoin. Là encore : pas de limites. Céline, René et René-Charles ont partagé le même lit pendant de nombreuses années. Et Céline ne s'en est pas cachée.

Ce nouveau maternage est actuellement très en vogue sur la côte ouest-américaine. Les mères, les pédiatres et les spécialistes en parlent beaucoup. Le sujet a même fait la une du *Times* le 17 mai 2012. Dans les pages intérieures figurait un long reportage sous le titre : « Êtes-vous suffisamment mère ? » Une photo accompagnait l'article, celui d'une mère allaitant son enfant de trois ans. Parmi les artistes qui soutiennent ce nouveau maternage, on compte Alanis Morissette, Carla Bruni, ainsi que Marion Cotillard qui a même provoqué un tollé en allaitant son enfant dans un restaurant de Los Angeles.

Pour Céline, la maternité est un don de Dieu – ou de la science. En conséquence, elle donne la priorité à son fils, à tout point de vue. Ce nouveau rôle a changé beaucoup de choses chez elle. Elle a renoncé à nombre d'activités pour se consacrer à son fils. S'il accompagne sa mère en public, elle cesse de signer des autographes de crainte qu'il ne se sente abandonné – René-Charles a peur de la foule, et il en est jaloux. Elle veille sur lui sans cesse, et s'emploie à lui créer un environnement sain, rassurant. Elle ne voudrait pour rien au monde le traumatiser, le blesser. Un jour qu'il s'était écorché le genou sur le terrain de sport, elle l'a retiré du jeu pour le soigner promptement. René n'est pas forcément d'accord, mais il continue de se montrer paternel avec elle :

« Les sportifs doivent s'habituer à dominer la douleur et à se former une carapace, dit-il…

— Mais il n'a que trois ans ! », proteste Céline.

René réagit comme ces hommes de sa génération qui veulent faire de leurs fils un futur joueur de hockey, de baseball et de football, voire un athlète olympique. Son petit garçon avait à peine un an qu'il lui fabriquait déjà des clubs de golf adaptés à sa taille ! Il affirmait même que René-Charles présentait déjà de réelles aptitudes pour ce sport. Céline souriait avec tendresse à ce propos. Mais quand elle se trouvait au bord du terrain, elle ne supportait pas l'idée que son enfant puisse se faire le moindre bobo.

René continue de gérer la carrière de Céline, d'organiser des fêtes et de régner sur leur vie sociale, mais c'est elle qui veille à l'éducation de l'enfant. Elle fait preuve aussi d'autorité sur leur intérieur dont elle prend en charge le fonctionnement et la décoration. René n'en est pas gêné. Il en profite pour prendre ses distances, sortir avec ses amis et fréquenter à nouveau les tables de jeu. L'éducation, les tâches ménagères : ce ne sont pas des choses qui l'intéressent. *C'est l'apanage de la femme,* pense-t-il.

Plusieurs reines, en fait, règnent sur leur foyer : Céline bien sûr, mais aussi Linda qui joue les nounous, maman Dion qui vient souvent voir son petit-fils, sans parler des bonnes et des amies. Ces femmes occupent beaucoup d'espace et il est possible que René ait quelque peine à se tailler une place dans l'univers féminin du petit enfant roi.

Céline est forcée de constater que son époux commence à se faire plus rare à la maison. René est-il en train de lui échapper ? Elle s'en irrite. Elle réagit vivement. Il faut dire que leur situation a évolué depuis qu'ils habitent à Las Vegas. Les tournées ont cessé. Il n'est plus nécessaire de préparer des concerts, de partir à la recherche de nouveaux auteurs et compositeurs. René se sent moins utile. Il aurait besoin d'affronter de nouveaux défis. Un temps, il essaie de prendre en main la carrière du chanteur Garou, de faire de cet artiste une vedette internationale, mais ce n'est pas ce que Garou recherche, apparemment, et il n'a pas la même discipline que Céline. René sera bientôt obligé de trouver d'autres occupations. Mais dans l'immédiat, sa femme est toujours amoureuse de lui, elle exige qu'il soit présent auprès d'elle.

Il s'ensuit un « malaise dans le couple », comme elle dit, dont elle ne divulguera pas tous les détails sur les chaînes de télévision, mais dont elle s'ouvre néanmoins à Robin Leach, du site Vegas Deluxe :

« Déjà, ce n'est pas facile d'être mariés ! Alors, travailler ensemble, gérer le stress engendré par les concerts, les tournées, les voyages… C'est dur, ça demande beaucoup de travail. »

Elle relève ensuite un « problème de communication ». Telle est, semble-t-il, l'origine des difficultés qui pèsent sur leur mariage.

« Jusqu'en 2006, on ne communiquait pas comme il le fallait. J'ai décidé d'en parler à une amie en qui j'avais confiance. Je lui ai dit que je gardais mes problèmes pour moi, et qu'en n'y pensant plus, j'allais les oublier ! Elle m'a répondu qu'ils ne s'effaceraient jamais si je réagissais comme ça. Elle m'a appris à dire les choses comme il faut. »

Ces conseils semblent avoir porté leurs fruits car depuis lors, Céline et René ont de meilleures relations. Tout se passe comme si la chanteuse avait décidé de se battre pour sauver le lien qui l'unit à son mari. C'est d'elle qu'est venue l'initiative. Céline ne conçoit ni la séparation, ni les amours passagères. Écoutons-la :

« C'est triste, tous ces couples qui se séparent. Ils cessent de s'aimer et décident de divorcer alors que s'ils avaient communiqué comme il fallait, ils auraient pu sauver la beauté de leurs années passées ensemble. »

Parmi les sujets qui déchirent le couple, il en est un qui est particulièrement vif : les absences de René. Le soir, il prend l'habitude de se réfugier dans les salles de jeu du Caesars Palace. Céline tolère cet éloignement, elle le subit. Puis elle tente de mettre les choses au point avec lui. Elle souffre. Elle le lui fait savoir en essayant de dominer son impatience :

« Je n'ai pas eu cet enfant pour me retrouver tous les soirs seule avec lui. J'ai besoin de toi, et René-Charles a besoin de toi aussi. »

La discussion est longue, mais René finit par comprendre. Peu à peu, on le revoit aux côtés de son fils. Ce douloureux échange avec Céline lui a permis de se remettre en question, et son comportement s'améliore.

« C'est vrai, dit-il, le jeu est une maladie. Mais je n'ai jamais joué avec l'argent de la compagnie Feeling. Je mise uniquement sur mes fonds personnels. Je refuse de mettre ma famille en péril. »

Il est vrai que les fonds en question sont considérables. René a les moyens de jouer. Du reste, il excelle au poker. En 2007, au tournoi Texas Hold'em, il gagnera 1,6 million de dollars à ce jeu, le montant le plus élevé jamais remis à un client par le Caesars Palace. Mais il sait que s'il peut beaucoup gagner, il peut aussi tout perdre – c'est la loi du jeu. Il est le premier à le dire, d'ailleurs :

« Le Casino finit toujours par gagner, avec le temps. Au total, j'ai gagné au poker mais j'ai perdu aux autres jeux. »

2007 est aussi l'année qui voit s'achever l'aventure « A New Day », au terme de 723 représentations dans l'immense Colosseum construit tout exprès pour Céline Dion au sein du Caesars Palace. Le 17 décembre, la chanteuse et son équipe triomphent une dernière fois. Le succès est phénoménal. La moyenne de fauteuils vendus par concert aura été de 3 904, pour 4 296 places assises. Les recettes cumulées dépassent les 400 millions.

La fin de « A New Day » est fêtée au cabaret Pure, la boîte la plus fréquentée de Las Vegas. Céline est triste de devoir quitter une équipe dont elle a partagé les joies et les peines cinq années durant.

En 2008, celle qui avait décidé hier d'abandonner la scène prépare de nouveau une ambitieuse tournée : pas moins de 25 pays, 5 continents, 132 représentations. Pourquoi se lancer dans une pareille entreprise ?

Les raisons sont multiples. La principale, c'est son fils. Céline estime qu'elle n'aura probablement plus jamais l'occasion, voire la force, de livrer une telle bataille, et elle veut que René-Charles y assiste. *Il est en âge,* pense-t-elle, *de voir les plus beaux pays du monde, et de rencontrer les chefs d'État de la planète.* Elle voit ce périple comme une « tournée éducative ». Elle repense à la fillette qu'elle était à Charlemagne : une enfant confinée, tenue à l'écart d'un milieu hostile. Elle ne veut pas de cette expérience-là pour son fils.

Thérèse fera partie du voyage. De même l'auteure et journaliste Denise Bombardier : les Angélil l'invitent à se joindre à ce projet exigeant qui n'a pas d'équivalent dans l'univers du show-biz. « Taking Chances » : c'est le nom du spectacle. Personne encore n'a jamais présenté un événement de cette envergure. Il prendra son envol en Afrique du Sud le 14 février 2008, pour se terminer le 26 février 2009 à Omaha.

C'est René qui a approché Denise Bombardier le premier. Il souhaitait qu'elle écrive le texte d'une chanson pour l'album *D'elles*. De sa vie, Denise n'avait jamais songé à écrire une chanson ! Elle accepte de relever le défi. Sa plume accouche de « La Diva ». Cette fois, René lui propose de mettre ce grand voyage à profit pour brosser un portrait original de Céline Dion. *L'Énigmatique Céline Dion* paraîtra bientôt aux éditions Albin Michel. L'« énigme » n'est pas résolue, mais les pages remarquables signées Denise Bombardier décrivent Céline côté cœur et côté âme.

C'est l'Afrique du Sud et Johannesburg qui accueillent le premier spectacle de la tournée. En effet, René tenait à participer à une levée de fonds en faveur d'une œuvre de charité patronnée par Nelson Mandela. Bien sûr, il avait aussi en tête de rencontrer ce héros légendaire qui devait se révéler un fan de Céline Dion ! Cette longue série de concerts promet d'être exaltante. Chacun, dans la troupe, est au comble de la fébrilité.

Céline, pendant tout le voyage, sera une touriste autant qu'une artiste. Elle veut tout voir, tout partager avec le jeune René-Charles âgé de sept ans, un garçon généralement décrit comme timide, curieux, discret, plus mûr que son âge, et que Mme Bombardier n'hésitera pas à qualifier de « vieille âme ».

Comme il arrive souvent au départ, le premier spectacle est alourdi par des problèmes techniques. Et René, hélas ! y a convié plusieurs journalistes québécois – ils n'auraient manqué pour rien au monde cette occasion de mesurer l'impact de la star en Afrique du Sud. Mais par la suite, les choses iront en s'améliorant. Et cette tournée, que Céline a voulue familiale, se poursuivra sans encombre.

*

René n'a jamais manqué d'imagination quand venait l'heure d'organiser une fête pour célébrer un de ses proches. S'agissant de la femme de sa vie, il redouble d'inventivité. C'est dans cet état d'esprit qu'il prépare le quarantième anniversaire de Céline. Il y passe quatre mois ! Il tient à créer un événement spectaculaire appelé à faire date. Il réserve tout un restaurant de Sidney pour eux seuls. L'établissement est au bord de la mer. De nombreux invités y sont convoqués. Malheureusement, Céline, victime d'un virus, est contrainte au repos. Pour René, c'est un coup du sort. Céline était malade depuis quelque temps déjà, mais pas à ce point. Plusieurs concerts de « Taking Chances » avaient même dû être annulés. La veille de ses quarante ans, elle est totalement affaiblie. René se résigne à appeler leurs amis pour leur dire de rester chez eux.

Le lendemain, la chanteuse se réveille en forme :

« Tu sais, mon amour, aujourd'hui je me sens mieux. Je pense que je pourrai faire le prochain spectacle. Quelle est la date ?

— C'est demain. À Brisbane. Tu es sûre que ça va ?

— Oui.

— Bon anniversaire. Je t'aime. »

René prend son téléphone pour réitérer sa réservation et joindre à nouveau ses invités. La fête aura bien lieu ce soir, finalement.

Les anniversaires de Céline, on ne l'a peut-être pas assez dit, sont souvent marqués par un triste événement :

René qui tombe malade, par exemple, ou Thérèse. Cette fois, c'est la chanteuse elle-même qui est alitée. Heureusement, elle récupère à temps pour fêter ses quarante printemps. Lors de la soirée, on projette deux vidéos tournées respectivement par Stéphane Laporte et Mia Dumont, la première attachée de presse de Céline. Stéphane a réalisé un montage des sept premières années de la vie de René-Charles : l'enfant presque toujours cramponné à sa mère. Quant au film de Mme Dumont, il présente les témoignages des parents et des amis qui n'ont pu venir à la fête.

Mais René n'est pas en reste, et c'est de lui que viendra l'hommage le plus chaleureux :

« On dit que la vie commence à quarante ans. J'avais cet âge-là quand j'ai connu Céline. Je suis justement la preuve vivante que la vie commence à quarante ans. Entre la petite fille de douze ans et la femme que je vois aujourd'hui, la différence n'est pas si grande. Étant donné son succès, beaucoup à sa place auraient pris la grosse tête. Pas elle ! Elle, elle est demeurée humble et simple. Elle garde les pieds sur terre. Sa famille y est sûrement pour quelque chose. »

Céline et son équipe poursuivent la tournée « Taking Chances » qui fait étape en France. Le 22 mai 2008, après le premier de trois spectacles donnés à Bercy, Céline reçoit la Légion d'honneur des mains du président Nicolas Sarkozy qui la fait entrer du même coup dans le club des grands de ce monde : elle appartient désormais à l'élite planétaire, en compagnie d'Einstein et d'Yves Montand. Pour une femme qui a fui l'école dès son jeune âge, subi les moqueries de ses camarades pour sa maladresse et ses difficultés d'expression, la consécration est de taille. Céline Dion a déjà rencontré le pape,

Bill Clinton et Nelson Mandela. C'est à présent le chef d'État français qui la fait chevalier de la Légion d'honneur et l'accueille à l'Élysée entourée de son mari René, de son fils René-Charles, de sa mère et de ses treize frères et sœurs.

C'est Thérèse Tanguay-Dion qui se montre la plus impressionnée par la majesté des lieux et de la cérémonie. À l'arrivée du président, toute la famille observe un silence complet. Quand Sarkozy épingle la médaille sur le cœur de Céline, une émotion palpable se répand dans la salle. Puis il déclare :

« La France ayant changé, ceux qui réussissent sont les bienvenus ici. »

Il ajoute sur un ton cordial :

« J'étais un fan de Céline Dion avant d'être élu président de la République, et je le demeurerai après. »

Plus sérieusement, il évoque le rayonnement de Céline en insistant sur le message d'amour que la chanteuse adresse à l'humanité. En peu de mots, c'est peut-être lui qui aura su résumer le mieux le parcours artistique de la chanteuse, en insistant sur son engagement social :

« Merci de faire rayonner notre langue au-delà de nos frontières. Il faut comprendre que si nous sommes tellement attachés à la langue française, ce n'est pas par opposition à l'anglais, mais parce que le monde est plus heureux avec plusieurs langues. La diversité, en effet, est une richesse. »

Le président ne pouvait pas ne pas conclure sur le thème de l'amour qui habite toute la carrière de la chanteuse :

« L'amour, qui tient une place essentielle dans votre vie, est très présent dans votre parcours artistique…

Or il n'y a qu'une façon d'aimer : totalement. Il n'y a pas d'impudeur à partager l'amour. »

En fin politique, il en profite pour rassurer les Canadiens :

« Les Québécois sont nos frères et les Canadiens, nos amis. Nous avons besoin des deux. »

Céline remercie le président pour ce chaleureux accueil, et pour avoir tenu à lui remettre lui-même cette médaille qu'elle dédie aussitôt à sa famille, à son mari et à son fils.

La tournée « Taking Chances » se révèle longue et harassante, mais les contrats prévus par René obligent les producteurs à faciliter les déplacements de Céline Dion et de sa troupe. Ainsi, soixante-quinze chambres d'hôtel de première catégorie sont réservées à une équipe nombreuse comprenant des danseurs, des musiciens, des techniciens et même des médecins. La chanteuse et son mari occupent une suite présidentielle. Céline bénéficie à chaque étape d'une loge spacieuse maintenue à une température constante de vingt-deux degrés, et équipée d'une ligne téléphonique permettant de communiquer avec l'international. Elle a en permanence un dentiste à ses côtés, ainsi qu'un spécialiste de la voix et un kinésithérapeute. Sans parler de ses onze gardes du corps dont huit sont présents autour de la scène pendant le concert, afin de parer à tout débordement. René-Charles enfin : il jouit d'une nounou à temps plein, et d'une assistante personnelle.

De retour au Québec, Céline est faite docteur *honoris causa* de l'université de Laval. La cérémonie se déroule au palais Montcalm. Dès le lendemain, Céline présente « Sur les plaines d'Abraham », un spectacle francophone unique associé aux festivités du 400e anniversaire de la ville de Québec. Céline chante ce soir-là devant une marée humaine : 250 000 personnes. Elle invite sur scène des interprètes qui sont tous des célébrités : Garou, Marc Dupré, Nanette Workman, Dan Bigras, Zachary Richard, Éric Lapointe, Claude Dubois et Mes Aïeux. Elle y met tant de générosité, tant d'intensité, que le concert s'inscrit immédiatement dans la mémoire du pays.

Puis vient un moment de grande émotion pour les Québécois : la rencontre entre Céline Dion et Ginette Reno, en présence de l'auteur-compositeur-interprète Jean-Pierre Ferland. Le public sait que Ginette Reno aurait fort bien pu avoir la carrière de Céline Dion si elle n'avait pas quitté René Angélil, son impresario, au début des années 1980. Mais Ginette, alors, a choisi l'amour, et les gens lui en savent gré. Ils se souviennent aussi de son apparition le 24 juin 1975 à la Saint-Jean-Baptiste, fête nationale au Québec. Elle a interprété ce soir-là « Un peu plus haut » devant plus de 200 000 personnes. La scène avait été dressée au sommet du mont Royal, à Montréal. Elle y avait mis tout son cœur, tout son être, toutes ses forces. Elle avait électrisé la foule avec ce morceau signé Jean-Pierre Ferland.

C'est cette même chanson qu'elle reprend à Québec en 2008, aux côtés de la star internationale qu'elle aurait pu devenir elle-même : Céline Dion. C'est la première fois que les deux artistes montent sur scène ensemble. Elles chantent d'abord en duo, puis échangent des couplets. Ginette Reno, dont « Un peu plus haut » est la chanson fétiche, bouleverse le public une fois de plus. Céline se rappelle alors que Ginette a été l'idole de sa jeunesse. Elle baisse la voix, regarde sa partenaire et lui laisse le triomphe. Le geste est perçu comme un acte de très grande classe.

Ce concert intitulé « Sur les plaines d'Abraham », Céline l'a donné gratuitement.

« C'était notre cadeau à la ville de Québec », dira René Angélil.

L'affaire n'a pourtant pas été sans difficulté. Au départ, les gens de Québec exigeaient un spectacle inédit de Céline Dion, plutôt que son concert de tournée, et René l'avait mal pris. Créer un nouveau concert, c'était un travail énorme, et des répétitions susceptibles d'alourdir un programme déjà surchargé. On était arrivé finalement à un compromis prévoyant d'inviter sur scène des artistes avec lesquels Céline aime travailler. D'autre part, son propre show était allégé. L'idée était de favoriser un contact le plus direct possible avec le public. Une fois de plus, Céline montre qu'elle est capable de faire preuve de simplicité et de charisme dans le cadre d'une rencontre quasi familiale avec les Québécois.

Et c'est en définitive dans cette expérience qu'elle puisera les éléments de son prochain show au Colosseum. Pour René, comme pour tous ceux qui ont contribué à ce concert à Québec, la chanteuse est désormais prête à se produire à Las Vegas en toute simplicité, dans « son » théâtre de 4 300 places.

Mais dans l'immédiat, il faut reprendre la route car la tournée « Taking Chances » se poursuit. Elle s'annonce même physiquement éprouvante, après qu'elle a déjà parcouru en deux semaines Brisbane, Melbourne, Sydney, Perth, Shanghai et Kuala Lumpur.

En 2008, Montréal est particulièrement attachée à Céline Dion. C'est sa chanteuse chérie. Ainsi, 240 000 spectateurs se déplacent pour assister à ses onze spectacles au Centre Bell, le temple du sport. L'engouement est à son paroxysme. Le concert, qui se tient au centre de la patinoire, s'accompagne de multiples performances présentées par des artistes et des athlètes. En première partie, Céline présente au public celle qui apparaîtra comme une révélation : Véronic DiCaire, une jeune Canadienne francophone originaire d'Embrun, dans l'Ontario. Interprète de qualité, elle a joué dans plusieurs comédies musicales, dont le *Five Women Show* et *Chicago*. Une partie du public la connaît et apprécie son talent, certains l'admirent déjà, mais à ce moment-là, elle n'a pas encore réussi à se tailler une place dans le monde de la variété.

Lors de cette première, Véronic donne tout. Elle se livre à des imitations : Céline Dion, Lara Fabian, Vanessa Paradis, Ginette Reno, Isabelle Boulay, Madonna, Rihanna, Tina Turner, Édith Piaf. Le public est bouleversé. Céline la reconnaît comme sa meilleure imitatrice.

La vie de la jeune chanteuse prend alors un tournant car René se met immédiatement à organiser pour elle une tournée au Québec. La série de concerts sera un succès. Véronic signe un contrat avec Feeling, la société d'Angélil, et entame sur sa lancée une carrière internationale. En 2010, elle adapte son « One Woman Show » pour le public français et prolonge une tournée qui s'achèvera en 2012 par huit concerts à l'Olympia. René Angélil continue de la suivre. Il s'arrange pour lui ouvrir les portes de Las Vegas où elle donne plus de cent représentations au Bally's. En 2016, retour en France : « Le DiCaire Show » est accueilli sur France 2.

Au final, cette artiste canadienne fait une carrière magnifique. Elle possède d'ores et déjà sa maison à Las

Vegas. Et beaucoup voient en elle « la plus grande imitatrice du monde » – dixit Michel Drucker. Ce succès, elle le doit certes à son talent, mais aussi à l'intervention d'un couple généreux qui l'a soutenue d'une façon absolument désintéressée.

*

Ce rythme frénétique, Céline le maintient pendant une bonne année. Mais la fatigue est telle qu'elle redoute désormais de passer d'un vol commercial à l'autre, de se mêler à la foule pressée des aéroports. L'idée germe dans son esprit de posséder son propre avion. Et ce n'est certes pas un caprice de millionnaire ! La chose lui saute aux yeux comme une nécessité. Son choix se porte sur un Bombardier BD-700 Global Express, un jet capable de voler quatorze heures sans escale. L'appareil est doté de la Wi-Fi, d'ordinateurs et de téléphones. Il comprend un salon et une cuisine. Ophra Winfrey et Tom Cruise ont le même. Dans le cas de Céline, ce sera un véritable outil de travail qui lui permettra de sauter facilement d'une ville à l'autre, en Europe, en Asie, en Australie ou en Amérique. Il coûte la coquette somme de 45 millions de dollars américains, mais les recettes de sa tournée se chiffrant à plus de 280 millions, Céline a les moyens d'effectuer cette dépense.

En devenant le manager de Céline Dion, ce joueur qu'est René Angélil a remporté le gros lot. Il a gagné beaucoup plus avec elle qu'aux tables de jeu de Las Vegas. Mais physiquement, la tournée coûte cher au couple. Céline a beau sourire à ceux qui viennent la saluer dans sa loge, et ne jamais laisser paraître ses douleurs, elle est éprouvée. Elle souffre du dos. Elle a souvent des infections à la gorge. Sans parler d'une lassitude profonde qui s'empare d'elle, quelquefois.

Plutôt que de jouer la carte du triomphe, René déclare aux journalistes :

« Plus jamais une tournée comme celle-là ! C'est vraiment trop fatigant. À l'avenir, on se contentera de vingt ou trente villes. C'est ce que font la plupart des artistes. »

Ce qu'il ne dit pas, c'est que la demande n'a jamais été aussi forte. Céline est réclamée pour chanter dans les plus grands stades du monde. Autrement dit, la chance lui est offerte d'augmenter encore sa fortune. Cependant, il y a une limite : c'est désormais sa vie qui est en jeu.

Céline ne songe pas qu'à l'argent. Le plus important, pour elle, c'est sa famille. Et elle veut un autre enfant, même si elle reste discrète sur le sujet. Elle a envie d'avoir une fille. Elle estime que les probabilités de réaliser ce rêve sont fortes puisqu'elle a elle-même beaucoup de sœurs. Et puis, quel bonheur, pour ses fans, d'apprendre qu'elle a donné le jour à une petite fille ! Beaucoup imaginent déjà une enfant qui aurait la voix de sa mère, une future artiste sur la destinée et les amours de laquelle Céline veillerait comme une bonne fée…

En mars 2009, la tournée « Taking Chances » a pris fin. Céline et René peuvent être fiers du résultat. René-Charles s'est bien adapté aux pays visités ; et il a montré beaucoup d'intérêt pour les personnes rencontrées, pour les cultures découvertes. Thérèse Dion elle-même, en dépit de ses quatre-vingt-deux ans, a magnifiquement survécu à un voyage particulièrement éprouvant.

Mais Céline, pour la deuxième fois de sa vie, décide de marquer une pause dans sa carrière. Elle a été l'âme de cette odyssée. Elle a déployé plus d'énergie que quiconque. Il lui faut maintenant récupérer, refaire ses forces, rester à la maison. Hélas ! une déception l'attend. Au complexe d'habitation qu'elle a fait bâtir, le chantier a pris du retard. Cette merveille dont elle rêvait lors des nuits sombres qui ont scandé son voyage ! L'échéancier n'a pu être respecté. Céline se plaint devant les journalistes :

« Nous ne sommes pas dans la rue, mais… »

Il ne reste plus à René qu'à établir sa petite famille dans les suites du Caesars Palace. Ils lui doivent bien cette faveur, vu l'argent que Céline rapporte à l'hôtel ! Et le clan ne se limite pas à trois personnes, évidemment. Il y a Linda Dion, la nounou indispensable, son mari Alain, et les domestiques. Sans parler du personnel médical qui rend visite régulièrement au couple.

Céline sait qu'elle a besoin d'une période de calme pour pouvoir enfanter à nouveau. Comme elle le répète souvent lors des interviews, elle ne veut pas que René-Charles soit fils unique. L'idée même lui semble inconcevable, à elle qui vient d'une famille si nombreuse.

En avril, elle reprend la direction de New York. Les examens recommencent, ainsi que les injections d'hormones. De nouveau, c'est la fécondation assistée avec le Dr Rosenwaks, le même spécialiste qu'en 2000. En août, Rosenwaks estime que Céline aura un autre enfant. Les Angélil se laissent gagner par l'euphorie.

Mais quelques mois plus tard, les médias annoncent une fausse couche. Rosenwaks explique que cette technique ne fonctionne qu'une fois sur quatre, et qu'il faut être patient.

Céline est patiente. Très patiente, même. Et déterminée. La fécondation *in vitro* échouera à cinq reprises.

Quand un sixième essai est proposé au couple, René se montre inquiet. Il craint de voir Céline s'effondrer. Mais elle réagit avec la résilience de quelqu'un qui a souvent été mise à l'épreuve dans le cours de sa carrière :

« Non ! je n'abandonnerai pas ! »

Le 22 octobre, elle se rend en Floride, à West Palm Beach où elle est hospitalisée à Saint-Mary. Les contractions sont douloureuses mais elle s'en soucie à peine. Elle espère mettre au monde des jumeaux en pleine santé. Car elle entend dans son ventre les battements de deux cœurs ! Elle est décidée à se battre. Il faudra pratiquer une césarienne. René assiste à l'accouchement, ainsi que Thérèse et Linda. Ce 23 octobre, à 11 heures, Céline Dion donne le jour à deux petits prématurés. Mais ce sont des bébés en bonne santé. Linda filme René coupant les deux cordons ombilicaux. Les parents pleurent de joie. René-Charles aura finalement deux petits frères. L'un pèse 2,55 kilos et l'autre, 2,38 kilos.

« Si j'avais eu le choix, déclare Céline, j'aurais préféré une fille. Mais je ne suis pas déçue. Les deux enfants sont en bonne santé et c'est le plus important pour moi. »

Nelson et Eddy : tels sont les prénoms choisis. En l'honneur de Nelson Mandela et en souvenir d'Eddy Marnay. Après quelques jours en couveuse, ils partent pour le château tout neuf de Jupiter. Leur grand-mère Thérèse est on ne peut plus heureuse de les avoir vus naître, elle qui avait raté le premier accouchement de sa fille dix ans plus tôt : René-Charles étant arrivé prématurément lui aussi, elle n'avait pu faire le voyage à temps.

Quelques jours avant d'accoucher, Céline a reçu chez elle à Jupiter la visite d'une amie, l'animatrice de télévision Julie Snyder qui tournait une émission spéciale sous le titre « Des nouvelles de Céline ». À Julie, la chanteuse parle des kilos qu'elle va bientôt perdre, de la nouvelle vie qui s'ouvre pour elle dans son château, en compagnie de sa progéniture. Elle évoque aussi le début de sa grossesse, quand le médecin a eu ce commentaire :

« Mon souci, ce n'est pas que tu sois enceinte ou pas. C'est que tu sois *trop* enceinte. »

Puis il lui a montré l'échographie et elle a compris.

« On s'attendait à voir battre un petit cœur. Il y en a eu un, puis deux, et finalement un troisième ! Cinq jours plus tard, lors de l'examen suivant, le petit bébé a décidé de laisser sa place aux deux autres, de nous dire au revoir. »

Céline confie à Julie :

« Son cœur s'est arrêté de battre. »

Ainsi l'heureux événement que représente la naissance des jumeaux est assombri par un triste souvenir.

Très vite, les médias interrogent René Angélil sur les projets de l'artiste. L'imprésario et mari confirme que Céline sera de retour au Colosseum le 15 mars, comme prévu.

« Céline a récupéré très rapidement après la naissance de René-Charles, dit-il, et je crois que ce sera pareil cette fois-ci. »

Céline Dion a quarante-deux ans, et six interventions ont été nécessaires pour réussir la fécondation *in vitro*. Pourtant, elle recouvre son énergie en un temps record. Elle se met aussitôt à répéter fiévreusement son nouveau spectacle.

Le baptême des jumeaux a lieu dans une salle du Caesars Palace en présence de deux cents invités, et de représentants de l'église Sainte-Elizabeth-Ann-Seton. La messe est célébrée par deux évêques, Mgr McAuliffe et Mgr John Faraj. Trois parrains et deux marraines assistent à la cérémonie : René-Charles, dix ans, les fils de René, Patrick et Jean-Pierre, ainsi que sa fille Anne-Marie et Linda, la sœur de Céline.

René Angélil, qui voit toujours tout en grand, a convié également les médecins qui ont soigné et guéri les membres de sa famille durant les dernières années. Il y a d'abord le Dr Zev Rosenwacks qui a réalisé les fécondations *in vitro* dont sont nés ses trois fils. Viennent ensuite les six spécialistes qui l'ont aidé à guérir du cancer de la gorge en 1999. Sont de la fête enfin les obstétriciens Rue Stroessel et Ronald Ackerman, qui ont accouché Céline le 23 octobre dernier.

L'accouchement est encore récent quand Céline monte sur la scène du Colosseum. Son retour s'effectue le 15 mars 2011. Suivront soixante-dix spectacles étalés sur trois ans. Et un nouveau contrat sera signé, qui prévoit des concerts jusqu'en 2019.

Pour le Caesars Palace, qui abrite le Colosseum, les affaires ne sont plus aussi bonnes que par le passé. C'est pourquoi ses dirigeants éprouvent le besoin de faire appel à la chanteuse québécoise pour renflouer les caisses. Céline, à Las Vegas, est désormais surnommée « la reine du *Strip* » – *Strip* étant le nom familier du Las Vegas Boulevard, le long duquel s'alignent les grands hôtels et les casinos. Pour une part qui est loin d'être négligeable, l'avenir du Caesars Palace dépend de la chanteuse Céline Dion. Aussi les dirigeants sont-ils obligés de s'adapter aux exigences de l'artiste qui refuse de se produire plus de cent trente-cinq fois par an sur la scène du Colosseum. René explique au *Journal de Montréal :*

« Le boss, c'est René-Charles. »

Et il ajoute que l'enfant, âgé de dix ans, est inscrit dans une école de Floride et que son éducation est la priorité dans l'agenda de Céline. Elle chantera donc à Las Vegas pendant les congés scolaires, autrement dit, au mois de mars, en été et pendant les fêtes de fin d'année.

René-Charles a déjà beaucoup voyagé avec ses parents. Il a vu les grandes capitales du monde pendant la tournée « Taking Chances ». Il connaît les hôtels de Las Vegas. Et il a pris racine à Jupiter Island, dans une maison de rêve, face à l'océan. Il a nagé dans les piscines et profité des cabanes perchées dans les arbres où il aimait à se réfugier quand il y avait trop de monde à la maison.

Des années durant, il a étudié avec des précepteurs. À première vue, on pourrait croire que c'est un peu l'enfance idéale. Pourtant, il a voulu élargir lui-même son cercle d'amis. Il tenait à être un garçon comme les autres.

C'est en 2009 que les Angélil prennent possession de leur nouvelle résidence. Leur quartier n'accueille aucun représentant des classes moyennes. Ce ne sont que des multimillionnaires, ou des personnes ayant atteint un haut niveau dans leur spécialité. Un comité d'accueil est d'ailleurs chargé de faire le tri en enquêtant sur les nouvelles demandes. Bien sûr, Céline Dion n'a aucun problème pour franchir cet obstacle. D'autant que la maire a obtenu de la star la permission d'utiliser une de ses chansons pour accompagner sa campagne électorale.

René-Charles grandit dans cette île féerique. Il étudie dans une école franco-américaine où l'on ne plaisante pas avec la discipline, ce qui l'oblige à se couper les cheveux – les comportements marginaux n'y sont en aucun cas tolérés. Comme il est doué pour le sport, cette noble institution l'oriente vers le basket. Mais il est bon en mathématiques également : il est aussi à l'aise avec les chiffres que son père.

Depuis que sa mère a repris du service, René-Charles se rapproche de Las Vegas dont il fait partie de l'équipe de hockey, les Wranglers. Cette activité a tôt fait de devenir pour lui une passion. René s'en montre ravi ! Lui-même est fou de hockey.

*

Un temps, René Angélil avait prévu de présenter au Colosseum le spectacle qui avait fait le succès de la tournée « Taking Chances ». Mais il avait changé d'avis après le succès remporté par Céline au Québec, lors du concert du 400e anniversaire. Il s'explique ainsi sur ses choix :

« J'ai eu l'idée de reprendre ce spectacle avec un grand orchestre, et de le présenter à Vegas. C'était magique ! Trente musiciens ! J'ai eu l'impression que c'était ce que les gens attendaient de Céline. Dès lors, le chapitre suivant était inscrit dans ma tête[1]. »

Encore une fois, la formule se révèle gagnante. Les réservations se multiplient. Et ce spectacle, tout simplement intitulé « Céline », fait salle comble.

Mais Céline tient à garder son cap et à diminuer le nombre de ses passages sur scène :

« Au bout de trois ans, dit-elle aux médias avec sa franchise coutumière, tout était devenu pour moi insurmontable, physiquement, émotionnellement et mentalement. René disparaissait dans les salons de jeu,

1. *La Presse*, 25 août 2015.

je le voyais de moins en moins… Bref, ça n'allait pas du tout. »

Au début, elle se produisait cinq soirs par semaine. Au total, elle avait fini par cumuler un total de sept cent cinquante prestations en cinq ans. Mais elle était alors censée faire ses preuves. À présent qu'elle a réussi à s'imposer sur le *Strip*, il lui est devenu possible de négocier un contrat plus en harmonie avec ses besoins. Et la première année de cette nouvelle production générera 40,1 millions de dollars.

Ce chiffre illustre l'engouement du public. La mode Céline Dion n'a pas été qu'un feu de paille ! Céline en tire la conséquence : l'heure est venue de s'installer définitivement à Las Vegas. Elle songe d'abord à acheter une maison plus grande que leur demeure d'Henderson, puis elle se ravise et choisit d'y effectuer des travaux.

« Deux ou trois petites choses », dit-elle.

La maison sera rénovée de fond en comble.

« C'est ma faute ! s'excuse Céline. C'était un tel chantier que nous avons dû aller vivre à l'hôtel. À bien y penser, on aurait mieux fait de détruire la maison et d'en bâtir une nouvelle. »

Mais ces efforts en valaient la peine. La nouvelle demeure est plus spacieuse, la climatisation y est parfaite – il s'agit de préserver la voix de Céline et le confort des enfants qui ont besoin de pouvoir jouer sans être accablés de chaleur.

« Il y a des jours dans l'année où il fait tellement chaud ici qu'on pourrait faire cuire un œuf sur le capot d'une bagnole ! », lance Céline.

Mais elle ne se plaint pas. De toute façon, elle préfère la chaleur de Las Vegas aux hivers québécois – quand il fait moins trente et que les mêmes bagnoles refusent de démarrer.

De plus, la nouvelle maison a été pensée pour le confort de toute la famille. Elle est équipée d'un héliport et d'un golf. De hautes grilles la protègent. Des gardiens la surveillent nuit et jour.

En 2012, Céline Dion exprime sa féminité comme jamais elle ne l'avait fait auparavant. En janvier, elle monte sur scène lors du Jamaïcain Jazz Blues Festival, et tout le monde remarque sa robe hypercourte, le plaisir qu'elle a à danser et à envelopper ses musiciens d'attitudes sensuelles. Certains journalistes notent leurs observations :

« Du premier rang, on peut voir sa petite culotte noire. »

Avec photo à l'appui, bien entendu…

L'été venu, la star ira même jusqu'à choquer nombre de ses fans parmi les plus vertueux et les plus conservateurs. Il est vrai qu'elle était universellement perçue jusqu'ici comme la mère de famille idéale et sans histoire. Mais ce jour-là, ayant invité à Jupiter Island une délégation du magazine américain *V*, elle n'hésite pas à se déshabiller et à poser quasi nue sous l'objectif de Sébastian Faena. Jamais Céline Dion ne se sera montrée aussi provocante, aussi sensuelle, aussi suggestive.

Ce genre d'attitude est largement tolérée chez une Madonna ou une Nicole Kidman, mais beaucoup se demandent quelle mouche a piqué Céline, elle qui est issue d'une famille nombreuse, elle qui s'est mariée à l'église, elle qui n'a connu d'autre homme que son mari… La pure Céline a toujours cultivé l'image de l'artiste innocente attachée à sauver les enfants de la Terre ! Longtemps, elle a traîné des complexes à cause de son corps dont les formes étaient trop éloignées des canons en vigueur. La vérité est simple : Céline a changé. À quarante-quatre ans, elle n'a plus peur de se montrer impudique et de céder à la fantaisie – pour ne pas dire à ses fantasmes.

À force de l'entendre tenir des propos angéliques, à force de la voir se conformer à des régimes draconiens, on avait peut-être oublié qu'elle possédait un corps de top model. Car c'est vrai : Céline est une féline. Sa silhouette épouse toutes les tenues possibles. Elle peut être l'impératrice, mais aussi la femme audacieuse et libre. Le reportage du magazine *V* la montre nue, de dos, une main gantée de noir couvrant ses seins. Sur un autre cliché, elle est une motocycliste en short et chemise ouverte, le visage en feu. Une dernière photo enfin est encore plus coquine : Céline y porte une robe épaules nues qui couvre à peine les seins.

Ces images ont fait le tour du monde. Elles ont choqué plus d'un journaliste. Certains n'ont pas hésité à prononcer le mot fatal : pornographie. Ils ne reconnaissaient plus leur Céline. Ils sont scandalisés, dépassés par l'événement.

René, lui, n'est absolument pas gêné. « Un comble ! », s'écrient plusieurs scribouillards outrés.

« Il y a dix ou vingt ans, leur répond Céline, la chose aurait passé moins facilement. Aujourd'hui, c'est amusant. »

Il est vrai qu'elle s'est délectée de poser pour ces photos. Il s'agit du reste d'un événement rare dans sa carrière. En effet, c'est la première fois que Céline rencontre des journalistes en dehors de toute promotion d'un disque ou d'un spectacle. C'est à peine s'il est fait mention dans le reportage de l'album français *Sans attendre*. Céline a eu envie de s'éclater, de s'abandonner, d'être elle-même sans s'imposer de limites.

« Quand je raconte ma fausse couche, ou quand je fais part au public de mes problèmes de fécondation en donnant tous les détails, personne ne me blâme ou ne m'accuse d'indécence. Ces photos, c'est aussi ce que je suis. C'est ma folie. Ma folie douce. »

Et elle n'a pas l'intention d'en rester là. De retour à Las Vegas, elle rencontre l'équipe du magazine *People*. Ces journalistes projettent de photographier tous les artistes qui se produisent au Caesars Palace. Des sessions sont organisées avec Elton John, Rod Steward, Shania Twain, et évidemment Céline Dion.

Différentes idées sont proposées à Céline qui surprend son petit monde en mettant en avant un projet fort audacieux. Son idée est de poser dans les bras de David, le chef-d'œuvre de Michel-Ange dont une reproduction se dresse au cœur de l'hôtel, à la réception du Caesars Palace. Or la statue, réplique exacte de l'œuvre italienne, mesure plus de cinq mètres, socle compris ! Un défi de taille, si l'on ose dire. Des harnais seront nécessaires pour soulever la chanteuse et la déposer dans les bras du célèbre et athlétique héros, où elle se blottira amoureusement. Mais dans la presse puritaine des États-Unis, la photo sera cadrée sur la partie supérieure du corps, afin de ne pas offenser la pudeur des lecteurs en leur montrant le sexe de David.

La carrière de Céline marquant un ralentissement, René déplace ses activités vers d'autres centres d'intérêt. En 2012, il s'autorise une incursion dans le monde de la télévision en dirigeant la « Star Academy », cinquième saison. Cette émission, qui obtient les meilleures audiences, lui permet de faire profiter les candidats de l'expérience immense qu'il a acquise dans le show-biz. Quand il s'adresse à ces jeunes qui rêvent d'une carrière à la Céline Dion, il est plus écouté que n'importe quelle autre personnalité. Les prestations de René Angélil à la « Star Ac' » sont très remarquées, et il en est ravi.

Sa présence sur ce plateau doit beaucoup à la productrice Julie Snyder, figure de la vie médiatique québécoise et personnage important dans le parcours du couple Dion-Angélil. Cette animatrice pétillante et inventive – voire casse-cou – n'avait que dix-huit ans quand elle a interviewé Céline pour la première fois. Elle y a mis une telle fougue, un tel aplomb, que René, par la suite, devait lui suggérer de tourner une émission complète sur la chanteuse. Elle se souvient :

« Si je suis devenue productrice, c'est grâce à lui. À l'époque, aucune femme n'était productrice à la télé. Je n'aurais jamais osé me lancer si René ne m'avait fait autant confiance. »

Une fois de plus, il avait vu juste. En effet, Julie devait produire vingt années durant des reportages choc sur Céline Dion. Les tournages s'effectuaient tantôt dans les résidences de la star, tantôt sur les tournées mondiales. Dans l'émission « L'Été indien », elles font une entrée spectaculaire en arrivant ensemble sur des skis nautiques, et battent tous les records d'audience.

« René m'a dit quelque chose que je n'oublierai jamais, confie Julie. Quand tu fais un deal, il ne faut jamais que l'autre en soit malheureux. Ou alors toi aussi, tu seras malheureuse. »

Toujours fidèle à ses amis, René a très souvent fait appel à elle pour les grands reportages sur Céline.

Cette même année, il accepte de jouer dans *Omertà*, un film écrit par Luc Dionne et produit par Denise

Robert. Il y interprète le rôle d'un chef de famille mafieux puissant et redouté. L'expérience ne manque pas de lui rappeler ses débuts dans le métier, quand il était jeune et qu'il apparaissait dans des films légers, humoristiques, érotiques parfois, comme *Après-ski* ou *L'Apparition.* Ces productions ne sont pas entrées dans l'Histoire mais, à l'époque, René gagnait sa vie comme il pouvait, et n'oubliait jamais de s'amuser. Cette fois, il s'agit d'un film sérieux, dramatique. La production est de qualité. Angélil obtient de bonnes critiques de la part des grands médias.

On le voit aussi en 2008 dans un épisode de la série *Les Boys.* Le tournage se déroule dans une salle de jeu du Caesars Palace. René interprète le rôle d'un joueur – nul effort de composition, donc.

René, qui a désormais du temps, se tourne aussi vers d'autres artistes en tant qu'imprésario. C'est ainsi qu'il signe avec Garou, déjà une vedette au Québec et en France où il a triomphé en interprétant Quasimodo dans la comédie musicale *Notre-Dame de Paris.* René a de l'ambition pour lui : rien moins qu'une carrière internationale. Mais Garou, lui, a une autre ambition : faire la fête, profiter de la vie et des femmes. Leur association fait long feu. Le chanteur québécois expliquera qu'il a préféré prendre lui-même ses propres affaires en main.

Autre artiste ayant attiré l'attention d'Angélil : Marilou. C'est une jeune chanteuse que d'aucuns n'hésiteront pas à comparer à Céline Dion. Il est vrai que les deux trajectoires ont des points communs. C'est le producteur Guy Cloutier qui l'a découverte. Elle n'avait que douze ans. Elle participait à l'émission « La Fureur de Céline ». Elle chantait sur le plateau « Ce n'était qu'un rêve » – ce morceau n'est autre que la fameuse chanson envoyée par les Dion à René Angélil en 1981 ! Guy Cloutier remarque la petite chanteuse et lui fait signer un contrat qui la lie pour dix ans à Sony France et Sony Canada.

En 2004, elle fait partie de la tournée « Reviens » de Garou. Son album *La fille qui chante* obtient un grand succès en France et au Québec. Marilou a alors quinze ans. Elle décroche le rôle de Fleur de Lys dans *Notre-Dame de Paris*, un spectacle qui fera le tour du monde.

Mais en 2005, la réputation de Guy Cloutier est mise à mal. Sa protégée, la chanteuse Nathalie Simard, l'accuse d'abus sexuels sur mineure et le fait condamner. Cloutier en prison, Marilou voit sa carrière s'effondrer. Elle se retrouve seule. René vole à son secours et la prend sous son aile.

La situation n'est pas facile à gérer pour lui car Cloutier est un de ses plus vieux amis. D'abord, il se refuse à croire que Guy ait pu abuser d'une enfant. Puis il est obligé de prendre ses distances – en s'abstenant de juger, toutefois. Leur relation ne sera plus jamais la même.

Le 26 juillet 2013, René et Céline sont à Québec où la star présente un spectacle intitulé « Céline Dion… une seule fois ». Le couple est reçu à la Citadelle par le gouverneur général du Canada, David Johnston. René est fait membre de l'Ordre du Canada. Céline, qui a déjà eu cet honneur en 1998, est élevée au rang de compagne de l'Ordre du Canada. Ces distinctions soulignent la contribution exceptionnelle du couple au rayonnement du Québec et du Canada.

Ces distinctions sont méritées car jamais des acteurs du show-biz canadien n'auront fait autant pour le développement de leur culture d'origine. Ils y ajoutent un message de paix et d'amour qui se diffuse dans tous les pays, y compris aux États-Unis. Et ils procèdent en préservant leur identité propre, leur accent, leurs valeurs. Ils restent des Québécois et c'est un point sur lequel Angélil se sera montré particulièrement vigilant, lui qui vient d'une famille arabe parfaitement assimilée. Il a toujours eu à cœur de défendre l'identité de son pays, allant jusqu'à imposer des musiciens québécois dans des productions de Las Vegas – le directeur musical Mégo, par exemple. Les nouveaux albums de Céline, il les lançait à Montréal, en particulier *The Color Of My Love* qui a révélé au grand jour son amour pour Céline. D'ailleurs, il veillait à ce que la visibilité de Céline demeure au Québec une donnée permanente, ceci en multipliant les spectacles à Montréal, Québec, Trois-Rivières ou Sherbrooke. Jamais il n'a voulu renier le premier public de Céline. Mieux, il a monté lui-même un spectacle avec Oprah Winfrey, dans lequel la famille Dion apparaissait au complet. Et il a renouvelé l'expérience chez Michel Drucker à Paris.

Quand les Dion racontent la vie de Céline dans des reportages, ils s'expriment toujours en français. Céline elle-même n'a jamais hésité à inclure plusieurs chansons françaises dans ses concerts aux États-Unis. Souvent, elle fait passer des messages en français quand elle se produit devant des publics anglophones. Et elle ne cache pas son identité canadienne et québécoise, contrairement à la plupart de ses collègues et compatriotes qui ont réussi sur les terres de l'Oncle Sam – tels Robert Goulet, par exemple, Shania Twain ou encore Paul Anka.

Sur le plan politique, René et Céline ne défendent aucune idéologie. En général, ils s'abstiennent de prendre position dans les conflits. Ils ne prennent pas parti non plus pour telle religion, pour tel régime. Leur souci est principalement de lutter contre la misère, les catastrophes naturelles et les maladies qui endeuillent tous les pays du monde.

6

Le départ de René

À son retour à Las Vegas, fin août 2013, Céline et René annoncent que leur superbe maison de Jupiter Island est mise en vente pour la somme de 72,5 millions de dollars. Quelques mois plus tard, Céline, alors en pleine promotion de son dernier album *Loved Me Back To Life,* annonce qu'elle est à la recherche d'une maison plus grande dans la banlieue de Las Vegas.

À l'origine, Céline et René avaient eu l'intention de s'installer pour la durée du premier contrat au Caesars Palace. Ils songeraient ensuite à partir s'installer ailleurs. Mais les perspectives ont changé. Désormais, c'est Céline qui insiste pour demeurer à Las Vegas. Tout se passe comme si la star éprouvait un besoin féroce de s'établir, de lever le pied, d'adopter un rythme de vie mieux adapté aux enfants, et à René lui-même, sans doute.

René-Charles a grandi à Las Vegas, mais en déménageant souvent. Quant aux jumeaux, ils ont besoin de stabilité. C'est pourquoi Céline décide de poser définitivement ses valises à Las Vegas, dans le quartier Henderson, près du lac artificiel. Elle aime la proximité de l'eau. En fait, cette résidence représente pour elle le lieu idéal, du fait de la présence du parc aquatique et des vastes espaces verts. La maison a été adaptée aux trois enfants et tout est sécurisé par des vigiles qui surveillent la maison jour et nuit.

En septembre, Céline annonce qu'une autre de ses résidences est à vendre. Il s'agit de la maison située sur l'île Gagnon, à quelques kilomètres au nord de Montréal, un véritable château auquel on accède par un pont privé. Cette demeure est mise en vente pour un montant de 29 655 500 dollars.

Début novembre, Céline et René partent en tournée avec leurs enfants. Ils assurent la promotion de *Love Me Back To Life* en comptant sur un bon accueil de la part du jeune public. L'album est conçu dans un style nouveau, plus funky, plus techno-pop. Il a bénéficié de la collaboration de Sia et de Ne-Yo. Il ne révolutionnera certes pas l'histoire de la variété, mais il peut surprendre.

Les Angélil sont accueillis à Paris par un vieil ami du couple : Michel Drucker. L'animateur les invite au studio Gabriel dans le cadre de son émission « Vivement dimanche ». Céline y interprète d'abord « Love Me Back To Life », une composition de Sia, sur fond de vidéo urbaine et de bolides fonçant sur l'autoroute.

Ces images en fond d'écran trahissent sans doute l'influence de René-Charles, un garçon amoureux des voitures de course. Il sera d'ailleurs question de lui dans une interview ultérieure :

« Mon fils a presque treize ans, dit Céline, et à cet âge-là, ils ont tous l'air de vouloir devenir des champions. En réalité, ils ne savent pas encore ce qu'ils veulent. »

Drucker reprend la balle au vol :

« Toi, Céline, à treize ans, tu savais ce que tu voulais faire dans la vie !

— Moi, ce n'est pas pareil. Je me souviens d'un jour. René-Charles avait cinq ans. Il jouait au pied de mon lit. Je le regardais. J'ai eu un flash. Être sur scène à cinq ans ! J'en ai eu des frissons. Je ne veux pas de ça pour mes enfants. S'ils veulent travailler dans le show-biz, je les soutiendrai, je serai auprès d'eux mais... J'en ai eu des frissons. »

Même sans lire entre les lignes, on devine que ce propos exprime un regret, celui d'une star à qui le show-biz a volé son enfance. On perçoit des frustrations : l'insouciance qu'elle n'a jamais connue, les jeux, les amis qu'elle n'a pas eus. Comment s'étonner qu'elle se montre si permissive avec sa propre progéniture ? Elle veut leur donner tout ce qui lui a été refusé à elle.

L'album ne tarde pas à figurer au hit-parade français. Après Drucker et la tournée des médias, la famille et l'équipe de Céline partent pour une tournée de concerts qui sillonnera la France et la Belgique du 21 novembre au 5 décembre.

*

En 2013, la paisible vie familiale de Céline Dion n'est pas du goût des journalistes et des paparazzi. Certes, les gens heureux n'ont pas d'histoire, mais les magazines people ont besoin de grain à moudre ! Un reporter du *National Enquirer,* fin observateur sans doute, a surpris Céline arpentant les rues de Paris, et noté qu'elle ne portait pas son alliance. Peu après, ce magazine titre sur une possible brouille entre la star et

René Angélil. Les réseaux sociaux s'emparent de « l'affaire » qui fait rapidement le tour du Web. Certains internautes, revenant sur le passé du couple, suggèrent que maman Dion n'a peut-être pas eu tort de s'opposer jadis à cette union, et de s'inquiéter de la différence d'âge qui sépare les tourtereaux.

On peut lire dans plusieurs magazines les confidences d'une amie de Céline. Ce témoin, qui bien sûr ne tient pas à révéler son identité, prétend que la star serait actuellement courtisée par le prince richissime Abibi Sheikh Wizar, un héritier de la monarchie saoudienne. Le prince aurait déjà passé commande d'un collier de diamants de 300 carats – valeur estimée du bijou : plus de 300 millions de dollars. Un journaliste affilié au *World News Daily Report* se fend de ce commentaire :

« Si le portefeuille de René représentait la planète Terre, celui d'Abibi serait gros comme notre galaxie et les 500 systèmes qui tournent autour. »

Le magazine *Voici* vole au secours du couple en affirmant que Céline et René sont apparus ensemble :

« Céline était radieuse, confiante au côté de son homme, mentor et protecteur. »

Public, autre magazine, se charge également de démentir la rumeur. *Closer* fait de même. Peu après, on voit Céline et les jumeaux visiter – et sûrement dévaliser – la boutique de jouets La Rentrée à Paris.

Mais qu'en est-il de la bague ? À en croire gossipcop.com, un site spécialisé dans ce genre d'informations, Céline Dion enlève toujours sa bague avant de monter sur scène ; or la photo où elle apparaît sans alliance a été prise alors qu'elle allait effectuer des essais avant de présenter son spectacle.

Peut-être ces rumeurs ont-elles été déclenchées par Céline elle-même quand elle a avoué en 2012 rencontrer des difficultés dans son couple. Elle faisait état alors de tensions nées du fait de travailler ensemble. Puis tout s'était arrangé, semble-t-il, et la communication entre les époux avait repris. On voit que rien de sérieux ne s'était produit, et que toute l'affaire a reposé finalement sur l'imagination des journalistes et des paparazzi.

D'autres canulars ont circulé ces dernières années. Ainsi Twitter et Facebook ont-ils annoncé carrément le décès de la star québécoise ! À *Digital Spy*, Céline a déclaré :

« Parfois, c'est effrayant parce que je suis obligée d'appeler ma famille pour les rassurer. Je fêtais l'anniversaire de mes jumeaux à Montréal quand j'ai eu des appels concernant la rumeur propagée sur Facebook. Des gens avaient posté que j'étais morte ! »

Elle ajoute :

« Ce qui m'inquiète, c'est ma mère. Ça m'énerve. Elle a quatre-vingt-six ans ! Si je ne l'appelle pas pour lui dire que je vais bien, aussitôt ça sort dans les médias... Peu importe ce qu'ils disent ! Ce qui compte, c'est l'impact que ça peut avoir sur ma famille. »

Mais ces épisodes seront vite oubliés. En effet, le 17 décembre 2013, jour de son dix-neuvième anniversaire de mariage, le monde de Céline s'effondre. Ouvrant son cœur dans les colonnes de *Paris Match*, elle donne tous les détails de la terrible nouvelle : René a de nouveau un cancer. Il le lui a annoncé à Los Angeles, dans la loge qu'elle occupe pendant les répétitions de l'émission « The Voice ».

« Avant de monter sur scène pour une répétition, je passe dans ma loge et je découvre René abattu. Il me dit que son médecin vient de lui annoncer qu'il a de nouveau un cancer à la gorge. Je sens alors mon cœur battre la chamade et mes jambes flageoler. Pas le moment de flancher ! Il faut penser à autre chose. Je me réfugie dans ma salle de maquillage, puis je monte sur scène pour répéter la chanson "Incredible". Mais le soir, en rentrant dans ma chambre, mon corps commence à me lâcher. La réalité m'a rattrapée[1]. »

Le 23 décembre, René Angélil subit l'ablation d'une tumeur cancéreuse à la gorge. L'intervention chirurgicale a lieu à Las Vegas dans le plus grand secret : nul ne sait dans quel service elle se déroule. René a décidé de se faire discret et rien n'a fuité dans les médias. Du coup, on dit qu'il a subi une ablation de la langue et qu'il ne peut plus s'exprimer. Autre bruit : la chimiothérapie l'aurait rendu sourd. Céline, qui essaie de ne pas craquer, et tient à ménager sa petite famille, prépare les fêtes de Noël pour ses trois enfants. Et René, au bout de quelques jours, est de retour à la maison. Il entre en convalescence chez lui à Las Vegas. Céline prend soin de lui, tout en poursuivant ses concerts au Colosseum.

« Je remercie le ciel tous les jours que le danger se soit éloigné, dit-elle dans un communiqué de presse. Je ne souhaite pas que mon mari vive le stress quotidien des problèmes liés au travail. Je veux qu'il retrouve la santé à cent pour cent. »

La chanteuse se montre optimiste. L'homme de sa vie a obtenu une rémission totale de son cancer en 1999, et elle ne doute pas de le voir renouveler l'exploit à nouveau. Pourtant, au bout de quelques mois, le doute s'installe. Et à l'été 2014, les événements se précipitent.

1. *Paris Match*, avril 2015.

En juin de cette année-là, Aldo Giampaolo devient gérant associé de Céline dans Feeling, la société créée par Angélil. Aldo est l'ami de René. Ils se connaissent depuis vingt-cinq ans. Son entrée en fonction est prévue pour le 1er août et la décision a été prise par René lui-même. Affaibli par les traitements, il n'a plus l'énergie nécessaire pour continuer à veiller en détail sur la carrière de son épouse. Il garde cependant la présidence de l'entreprise.

Aldo Giampaolo est un Québécois d'origine méditerranéenne. C'est le double d'Angélil – certains disent même : le siamois. Quand ils se sont connus, à la fin des années 1980, Giampaolo était directeur exécutif des projets au nouveau Forum de Montréal. Il avait soixante-quatre ans quand il a accepté de rejoindre René. Beaucoup, dans le milieu des variétés, le considèrent comme un génie. Il est vrai que sa feuille de route est impressionnante. Il a transformé des arènes en théâtre. Il a su concilier sport et spectacles comme personne avant lui. C'est lui qui a eu l'idée de recourir aux quatre configurations distinctes du nouveau Forum, ce temple du hockey dont il a dressé les plans lui-même, et réalisé la construction. Cette salle multifonction, dont le nombre de places varie entre 2000 et 22 000, est devenue depuis l'une des plus célèbres d'Amérique du Nord.

Aldo Giampaolo a également œuvré au Cirque du Soleil dont il a supervisé les tournées au début des années 2000. En 2013, on le retrouve à la tête du groupe Sports et Divertissement de Québecor Média Inc.

Quand René Angélil lui a proposé de le rejoindre, Aldo n'a pas hésité. Les deux hommes étaient amis, complices et confidents. Lorsque René était obligé de cacher ses sentiments pour Céline, dans les années

1990, Aldo l'écoutait et le rassurait. Lui aussi a eu une vie sentimentale compliquée. Après un divorce difficile, il a épousé une femme plus jeune que lui et connue pour son énergie : Marianik Giffard. Elle est vice-présidente de Productions J., la société de Julie Snyder. Le couple a deux enfants de deux et sept ans. Aldo est aussi père d'une fille de trente-deux ans, et a un petit-fils.

« J'ai fait le même parcours que René », dit-il avec un sourire.

L'état de santé de René se détériore et Aldo comprend l'urgence de la situation. Il a la pleine confiance du malade qui lui donne carte blanche. Ce sera à Aldo, désormais, de gérer la carrière de Céline. Interrogé sur son arrivée à Las Vegas, il raconte :

« Ça n'a pas été facile au début. D'abord, le déménagement. Puis un traitement pour mon mal de dos. Là-dessus, Céline qui décide de tout annuler, dont un voyage en Asie, pour s'occuper de René ! »

René dont le cancer poursuit sa terrible progression. Après avoir consulté les sommités du monde médical, il comprend que la partie est perdue. Il est vrai qu'il se prépare à cette défaite depuis des années, depuis qu'il a constaté ses difficultés croissantes à travailler. Du moins son caractère résilient lui aura-t-il permis de prolonger son existence le plus longtemps possible. Mais, dans la dernière période, il ne se berçait plus d'illusions. Il savait. Il accueillait cette vérité froidement, en homme qui connaît les règles du jeu. Impossible, désormais, de miser sur lui-même.

René Angélil aura eu la satisfaction de gérer son existence jusqu'au bout, et même au-delà puisqu'il a réglé lui-même la mise en scène de ses obsèques. Comme toujours, rien ne doit être laissé au hasard. Surtout pas sa sortie ! Il aura voulu un départ sans tache ni malentendu, sans qu'une bavure vienne trahir l'image qu'il souhaite laisser à la postérité.

Tout est écrit. Quand René ne pouvait plus écrire, il dictait ses volontés à Céline, à savoir le scénario détaillé de ses funérailles : l'heure de la cérémonie, les morceaux diffusés, l'ordre dans lequel les passer, la liste des invités et le lieu précis de l'enterrement. Même la fabrication de la tombe obéit à sa volonté. Elle sera noire, ordonne-t-il, et le cercueil en acajou. Plusieurs maisons spécialisées sont consultées. C'est finalement l'entreprise Fournitures funéraires Victoriaville qui relève le défi. La pierre du célèbre imprésario sera livrée en quelques jours seulement, au cœur de l'hiver. L'épouse du propriétaire de cette société, la créative Michelle Bouffard, est une fervente admiratrice de Céline Dion dont elle ne manque jamais un concert.

En ce qui concerne le lieu de sa dernière demeure à Montréal, René a acquis un grand terrain au cimetière Notre-Dame de la Côte-des-Neiges. L'achat remonte à plusieurs années avant sa mort. Il y a fait dresser trois monuments impressionnants sur lesquels on lit les noms de tous les membres de sa famille, ainsi que ceux de la famille Sara. Là encore, tout a été préparé avec le plus grand soin. Le hasard : tel aura été le grand ennemi de René Angélil. Très tôt, il entend contrôler tous les événements de son existence. Dans *René Angélil. Le maître du jeu,* la biographie que lui a consacrée Georges-Hébert Germain, on peut lire une anecdote qui en dit long à ce sujet. René est à l'école Saint-Viateur de Montréal. C'est un élève doué mais qui manque de sérieux. Il sèche les cours. Il n'en est pas moins pressenti pour présider l'association des élèves. Le préfet des études s'y oppose et raye Angélil de la liste électorale. René change de cap : il fera campagne pour son ami Gilles Petit. Et il fait si bien que Petit remporte facilement l'élection. René dit alors :

« Le secret, en politique, ce n'est pas d'être élu, c'est d'avoir le contrôle. »

Il prononce cette phrase alors qu'il n'a que seize ans ! Elle annonce en fait ce que sera sa vie.

Pourtant, ce fanatique du contrôle ne cherche pas à l'exercer sur les êtres humains. Il n'a jamais cherché à manipuler sa mère qui a longtemps été aussi sa muse, qui le comprenait mieux que quiconque et qui avait, disait-il souvent, « la tête à la même place que moi ». Même chose pour sa grand-mère Tété Nour qu'il admirait pour son habileté aux cartes. Enfant, cette femme passionnée le passionnait. Elle savait bluffer, se plaindre, négocier, ruser et finalement gagner. En fait, cet enfant particulièrement doué, et même surdoué, a appris le contrôle en observant l'influence exercée par les femmes de sa famille : ses tantes, sa mère, sa grand-mère. En apparence, les hommes avaient le pouvoir, mais en réalité, c'étaient les femmes qui l'exerçaient par le moyen du jeu, de la nourriture et de la séduction. Il deviendra comme elles.

Il n'a pas non plus exercé son contrôle sur André, son jeune frère. Après avoir élaboré au casino une martingale qu'il pensait infaillible, il a convaincu nombre de ses amis musiciens de jouer avec lui – pourtant il n'a pu persuader son frère de le suivre à Las Vegas. Quand bien même André était jeune et influençable. Et André a été bien inspiré de ne pas obéir à ce chant des sirènes, puisque la stratégie de René a échoué et que Les Baronets, au final, ont perdu tout ce qu'ils avaient misé.

René n'a pas manipulé non plus ses deux premières conjointes. Il semble qu'il ait rencontré de grosses difficultés relationnelles avec Denyse Duquette, puis avec Anne Renée. Toutes deux étaient insatisfaites. Il n'était jamais là et montrait peu d'intérêt pour la vie de famille. En personne gentille et sans histoire, Denyse n'a pas cherché à retenir son homme après avoir constaté que leur union avait pris fin. Quant à Anne Renée, elle a complètement échappé à son contrôle puisqu'il est tombé des nues en apprenant qu'elle en aimait un autre.

Reste celle sur laquelle il a tout misé à la fin des années 1980 : Ginette Reno. C'était alors la chanteuse la plus populaire du Québec. Beaucoup lui promettaient une carrière internationale. René Angélil en était convaincu aussi. Il avait même préparé le terrain en France. Ginette ne possédait-elle pas une voix exceptionnelle ? Mais cette artiste non plus ne vivait pas sous la sujétion d'Angélil. La preuve, c'est qu'elle lui a fait savoir un jour, sans cérémonie, qu'elle avait décidé de placer sa carrière entre les mains de son nouvel amoureux… René est sorti de l'aventure anéanti, ruiné et humilié. Il n'avait rien vu venir. Il n'avait exercé aucun droit de regard sur les sentiments de sa protégée. À cette époque, il ne comprenait pas que l'on puisse mélanger carrière dans le show-biz et vie privée. L'amour échappait à son contrôle. Ce genre de sentiment lui paraissait incompatible avec l'ambition d'une carrière internationale qui exigeait tous les sacrifices.

Thérèse Dion, alors maman d'une petite chanteuse de douze ans, partageait ce point de vue. Pour rien au monde, elle n'aurait voulu voir sa fille s'embarquer dans une histoire d'amour, et surtout pas avec l'imprésario

60 millions d'albums aux États-Unis et dans le monde. Aucun interprète américain n'avait encore réussi un pareil exploit. Par la suite, avec l'arrivée des nouvelles technologies, les ventes de disques ont chuté, et même Céline Dion a été victime de ce phénomène. Ce qui prouve que René Angélil avait su réagir au bon moment – autrement dit, pendant une bonne séquence.

René exerce aussi un contrôle sur sa vie. Il ne fume pas, il ne boit pas d'alcool. Quand ses amis essaient de le faire boire lors d'une fête, ou quand le médecin lui prescrit un verre de vin rouge pendant les repas, ils le condamnent à un véritable supplice. Il faut dire que l'on ne buvait pas dans la famille Angélil. Même dans les grandes occasions, l'alcool était proscrit. René a toujours appliqué ce principe, même en prenant de l'âge. Non pas seulement pour des raisons de culture familiale, mais parce qu'il entendait garder le contrôle de son existence quand survenaient des événements importants. Angélil, c'est l'homme qui a l'œil à tout. C'est le vrai *control freak*, comme disent les Américains. Il a suivi cette ligne jusqu'à son dernier jour.

Il est obsédé aussi par l'information. Il écoute les *news* sans arrêt, du matin au soir. Il ne supporterait pas de ne pas être au courant de telle ou telle nouvelle. À Las Vegas, il est abonné au *Journal de Montréal,* pour ne rien manquer de ce qui se passe au Québec. Il connaît par cœur les horaires des émissions et des matchs de hockey, de base-ball et de football aux États-Unis et au Canada. Ce n'est pas qu'il ait grand plaisir à regarder ces compétitions. Mais il veut éviter qu'un passage de Céline sur le petit écran soit concurrencé par un match important qui se déroulerait au même moment. Son idée, c'est d'avoir toujours le champ libre. D'autre part, il s'intéresse de très près au traitement réservé à Céline par les chaînes de télé. Il n'apprécie guère les humoristes, par exemple, qui se moquent de sa championne. Certains d'entre eux se rappellent avoir subi les foudres de René Angélil. Plusieurs critiques se retrouvent inscrits sur sa liste noire – ils n'en seront jamais effacés.

L'image de Céline Dion : telle est son obsession. Il la protège d'une main de maître. S'il repère une mauvaise photo dans un magazine, il se débrouille pour la faire disparaître. Si un livre risque de présenter la chanteuse sous un jour défavorable, il l'empêche de sortir. Si une émission s'annonce contre-productive, il ordonne à Céline de ne pas y aller. L'image de sa protégée doit demeurer intacte et de très haute qualité. On a reproché à René cet excès de zèle. Mais qu'a-t-il fait d'autre que protéger les intérêts de sa vedette ? Certains médias devraient peut-être regarder ce professionnalisme d'un autre œil, et en prendre de la graine…

Ce contrôle s'exerce également sur ses collaborateurs. Ce sont les mêmes infatigables personnes qui l'entourent tout au long de sa carrière, à Montréal, à Jupiter Island ou à Las Vegas : Pierre Lacroix, Marc Verreault, Paul Sara, Ben Kay, Rosaire Archambault, Jacques Desmarais, Aldo Giampaolo et Michel Bergeron se croisent sur le même terrain de golf, à la même fête, au même mariage, voire dans le même hôpital. Le lien entre ces hommes, c'est René Angélil. Ils lui ont témoigné un jour de l'estime, ils lui ont fait confiance quand il était moins connu, moins riche, moins apprécié. Résultat : ils continuent de figurer dans le tableau. Il ne semble pas que René ait noué de nouvelles amitiés de ce type dans les dernières années. Il a pu déclarer un jour sur TVA, dans l'émission de Denis Lévesque :

« Je me méfie maintenant des gens qui recherchent mon amitié. Je m'imagine toujours que c'est par intérêt. »

Ce n'est pas le cas de ses vieux amis. Ils ont réussi dans leur domaine, ils appuient René dans ses entreprises et ils sont toujours prêts à une virée dans les casinos et les restaurants. Ce sont des relations qu'il peut contrôler, et non pas de ces amitiés qui risqueraient de le déstabiliser, de le remettre en question. Car René inclut dans le contrôle de sa vie celui de son passé : ces hommes sont aussi des témoins qui le rassurent.

Car, derrière les apparences, René Angélil est un être inquiet, secret, un hypersensible qui a besoin de se protéger.

Dans les dernières années de sa vie, il est fragilisé par son cancer, mais il s'humanise aussi. Ayant remis une partie de ses pouvoirs entre les mains de son ami Aldo, il peut consacrer ce qui lui reste d'énergie à la préparation de son départ, et à de généreuses – quoique discrètes – initiatives. À sa manière, il s'efforce de soulager la misère d'autrui. Peut-être est-ce aussi une façon d'apaiser le mal qui le ronge. Céline en est consciente. Elle partage l'altruisme de l'homme avec lequel elle vit dans une véritable fusion.

Leur association a duré trente-cinq ans. Et s'il est vrai qu'ils ont reçu beaucoup pendant toutes ces années, il est non moins vrai qu'ils ont beaucoup donné aussi. Leur temps, d'abord. Ils en ont fait bénéficier les médias même quand c'étaient des organes de peu d'importance, et même quand ce n'était pas hautement nécessaire en termes de vente de disques ou de billets de concert. Ils ont consacré du temps aussi aux fans de la chanteuse. Céline n'a jamais fui les séances d'autographes, contrairement à d'autres stars qui jugent cet exercice fastidieux. Elle et René ont fait preuve de générosité envers leurs familles respectives qu'ils ont invitées et gâtées, tant en Amérique qu'en Europe. Et n'oublions pas les œuvres caritatives auxquelles ils ont remis d'importantes sommes d'argent.

En juillet 2014, alors que René entreprend son combat sans merci contre le cancer, le couple fait le voyage jusqu'à Montréal pour aider les enfants malades. René, à jusqu'à moment-là, a grand besoin de prendre du repos ; pourtant, il déploie de l'énergie pour se mettre au service des autres.

Ce 17 juillet 2014, Céline se rend à la Maison symphonique, la résidence de l'Orchestre symphonique de Montréal. Elle y chante avec les gagnants d'un concours de choristes, dans le cadre d'une levée de fonds pour la fondation de l'hôpital Sainte-Justine. Céline et René entretiennent des liens très serrés avec les administrateurs, les employés et les jeunes patients de cet établissement pour enfants. C'est là, en effet, que la petite Karine, la nièce de Céline, a été formidablement soignée – à défaut d'être guérie – de sa fibrose kystique. Cette enfant était une source d'inspiration pour Céline, et René Angélil tient à faire campagne pour aider les recherches sur cette terrible maladie. Marraine et parrain de l'hôpital Sainte-Justine, Céline et René ont participé à toutes les initiatives de l'établissement. « Les enfants d'abord » : telle est la maxime de Céline. Ce jour-là, avec les deux chorales réunies par l'organisateur Gregory Charles, elle interprète « S'il suffisait d'aimer ». La soirée permet de lever la somme de 800 000 dollars.

Céline et René s'impliquent financièrement dans la recherche sur la fibrose kystique depuis la mort de Karine en 1993. C'est probablement la cause qu'ils estiment la plus importante, et ceci pour les raisons familiales que l'on sait. Mais ils s'intéressent à d'autres causes aussi. En 2005, Céline fait un don de 1 million de dollars pour venir en aide aux sinistrés de l'ouragan Katrina. Mais ce n'est pas encore suffisant. À CNN, dans le talk-show de Larry King, elle fond en larmes et demande au gouvernement américain de secourir les populations inondées de Louisiane :

« Pourquoi c'est si facile d'envoyer des avions pour la guerre en Irak, et si difficile de secourir des familles qui ont tout perdu dans cet ouragan ? Dans quelques mois, ils auront besoin d'argent, de mon chèque. Pour l'instant, il leur faut de l'eau ! Allez-y en kayak s'il le faut, mais allez-y ! »

Elle est peinée, elle enrage. L'ouragan n'a-t-il pas laissé derrière lui plus de 1 200 morts, et plus de 30 milliards de dégâts ?

Après la mort de son ami, le Dr Antoine Azar, chef du département ORL de l'hôpital Saint-Luc, à Montréal, une chaire de recherche Azar-Angélil est fondée. René y contribue financièrement. C'est le Dr Apostolos Christopoulos qui l'a convaincu de rejoindre ce combat en faveur d'une recherche en oncologie visant à prolonger la vie des patients et à mieux traiter les cancers touchant la tête, le cou, la langue, la gorge, le nez, les sinus et les cordes vocales. Cette chaire occupe une position prédominante au Québec. Yvon Deschamps, l'humoriste bien connu, y a déposé un chèque de 500 000 dollars. D'autres contributions ont existé, à concurrence de 2,5 millions. La chaire Azar-Angélil a besoin d'atteindre les 3 millions pour pouvoir fonctionner à plein rendement. René Angélil, pour sa part, n'a jamais voulu mentionner le montant de ses contributions, mais on parle d'une somme dépassant les 500 000 dollars. Lors de ses funérailles, les gens seront invités à donner pour la chaire Azar-Angélil. En août 2016, une enchère est lancée afin de permettre à onze VIP de rencontrer Céline Dion avant son spectacle au Centre Bell, entre autres privilèges. L'enchère permet aussi de réunir 100 000 dollars destinés à la même chaire de recherche Azar-Angélil.

Durant cette période, Céline et sa famille créent à Charlemagne la Maison Adhémar-Dion, un centre de soins palliatifs pouvant accueillir une douzaine de personnes. L'établissement est bâti sur les lieux mêmes où se dressait autrefois la maison natale de Céline. Daniel, le frère de Céline, a fini ces jours dans ce centre, parmi les siens. De même Guy Poirier, l'époux de Liette ; il y avait trouvé refuge en 2016, après que l'on eut diagnostiqué un cancer avec métastases dans les os, les poumons et le cerveau ; sa mort interviendra le 28 août 2016.

2016 : une année éprouvante, donc, pour la famille Dion.

Linda Smith, maman d'un enfant trisomique, reçoit elle aussi l'aide des Angélil. Elle a créé en 1954 à Las Vegas un établissement appelé Village Opportunity, qui peut accueillir 2 000 autistes travaillant à leur rythme et valorisés par leurs réalisations. Céline a un coup de cœur pour l'œuvre de Linda Smith. Elle lui verse plus de 1 million de dollars, suite à un spectacle de charité donné en 2004 au Colosseum.

Aux nombreuses interventions de Céline et de René dans ce domaine de la bienfaisance, il faut ajouter leur effort pour soutenir les victimes du séisme qui a frappé l'Indonésie le 26 décembre 2004. En 2010, ils débloquent un demi-million de dollars en faveur des Haïtiens jetés à la rue par l'ouragan. René, pour sa part, soutient financièrement la Fondation André-Delambre qui appuie la recherche et le traitement de la sclérose latérale amyotrophique. Delambre est le nom du comptable de René, un ami emporté en 2005 par cette maladie neurodégénérative fulgurante.

À cette liste s'ajoute l'aide apportée par le couple à un hôpital pour enfants en Floride. En fait, il est impossible de dresser ici le catalogue complet de leurs actions humanitaires, d'autant que certaines se sont effectuées dans la plus grande discrétion.

En dehors des œuvres proprement dites, la générosité des Angélil se manifeste également dans leur disponibilité à l'endroit du grand public. Céline a souvent passé un moment avec ses fans, avant ou après un concert. Famille et amis ne sont jamais oubliés. Autour d'elle, les joies comme les peines sont toujours des moments partagés.

Au lendemain du gala donné par Céline et les choristes à la Maison symphonique, a lieu le baptême de Romy Péladeau, une fillette âgée de cinq ans, fille de Julie Snyder et de Pierre Karl Péladeau, président et directeur général de l'entreprise de presse Québecor, futur député du Parti québécois à l'Assemblée nationale du Québec. La fête se déroule dans le manoir du couple Angélil, sur l'île Gagnon. René et Céline sont respectivement parrain et marraine de la petite baptisée. Céline apportera les précisions suivantes :

« Romy a un point commun avec René-Charles, Eddy et Nelson. Elle a été conçue *in vitro*. Six millions d'enfants sont issus de la FIV. Les médecins sont extraordinaires parce qu'ils sauvent des vies, mais les médecins de la FIV ne sont pas loin du bon Dieu parce qu'ils aident à créer la vie ! Ils ont donné la main à nos enfants avant qu'on les prenne dans nos bras. »

Depuis, Pierre Karl Péladeau a pris la direction du Parti québécois. Un an plus tard, il épousait Julie Snyder. Il s'est séparé d'elle au bout de six mois. Et il a fini par quitter la scène politique.

De sorte que Julie et Pierre Karl ne sont pas ensemble en la basilique Notre-Dame de Montréal pour l'enterrement de René Angélil. Après les funérailles de son mari, quand Céline renouera avec le public, ce n'est pas à Julie qu'elle accordera une interview, alors que les grands événements de sa vie ont toujours été partagés avec elle, les deux amies se connaissant depuis leurs dix-huit ans.

Pour revenir à l'été 2014, c'est l'époque où Céline accepte de participer au tournage à Montréal d'une série d'émissions réunissant la France et le Québec. « L'Été indien » est un show prestigieux qui pouvait difficilement se concevoir sans la plus grande star de la francophonie. Julie Snyder a d'ailleurs beaucoup insisté pour que Céline Dion figure dans ces émissions, avec une pléiade d'artistes français et québécois. Le programme sera diffusé en France durant l'été et au Québec à l'automne.

Rarement jumelage France-Québec n'aura été aussi réussi. Francis Cabrel, Fred Pellerin et Vincent Niclo chantent « Je l'aime à mourir » avec Céline. Marie-Mai et Patrick Bruel interprètent « J'te mentirais ». Et Cœur de Pirate chante sagement « Boum Boum Boum » avec Mika. On voit aussi se produire Linda Lemay, Garou, Stromae, Roch Voisine, Isabelle Boulay, Véronic DiCaire et Corneille – impossible de citer tout le monde. Mais le clou de ce show, c'est Céline et Julie complices et faisant du ski nautique dans le port de Montréal. L'exploit est une réussite totale. L'athlétique Céline Dion s'offre même le luxe d'achever son numéro en tenant la corde d'une seule main. Les Québécois sont particulièrement ravis de voir s'afficher à l'écran une image moderne de leur pays, avec ses gratte-ciel, ses rues encombrées et l'animation de ses grandes villes. On sort enfin des poncifs du genre « Ma cabane au Canada ». Michel Drucker, qui anime l'émission avec Julie Snyder, s'adapte si bien à Montréal qu'on le croirait de la famille.

*

De retour à Las Vegas, fin juillet 2014, Céline est accablée par l'état de santé de René, et par la situation qui en découle. Son homme donne des signes d'épuisement. Elle-même a des maux de gorge et une inflammation des cordes vocales. Elle annule ses spectacles au Colosseum et renonce à une série de spectacles en Asie.

Depuis l'âge de douze ans, elle a toujours dépendu de lui, de ses décisions, de ses projets. À présent, les choses se sont inversées : c'est lui qui dépend d'elle.

Il est miné par son cancer. La maison de Las Vegas ressemble à un hôpital privé. L'espace est envahi par les médecins, les infirmières, le kiné et l'orthophoniste. Les enfants ont du chagrin, surtout René-Charles. Mais Céline préfère garder le silence sur ce qui se passe chez eux, et ne pas s'étendre publiquement sur les souffrances de René. Elle espère, elle veille sur lui. Et elle s'efforce de gérer au mieux la situation.

Ayant constaté que son train de vie exige des sommes exorbitantes, elle décide d'accorder un rabais de

10 millions sur son palais en Floride, cette maison où elle n'a plus le temps de mettre les pieds, et qui lui coûte néanmoins tous les mois la somme de 250 000 dollars. Même une star possédant une fortune évaluée à plus de 700 millions n'est pas à l'abri des soucis financiers. Et si tout venait à s'écrouler, maintenant que le stratège René Angélil n'est plus là pour gérer les comptes ?

Elle parvient à vendre le manoir de l'île Gagnon pour un montant de 10 millions – à en croire des sources fiables. La maison ayant été inondée, Céline a dû débourser 5 millions pour la remettre en bon état. Elle procède aussi à des changements, tout en approuvant ceux que propose son nouveau gérant associé. Il s'agit de décisions concernant le personnel : René Angélil ne les aurait jamais prises, lui qui est fidèle à tous ceux qui l'entourent.

À Jennifer Garcia, de *People Magazine*, Céline confie :

« Quand vous vous mariez, c'est pour le meilleur et pour le pire. En bonne santé ou malade, vous êtes mariés. Aujourd'hui, plus que jamais, ce vœu de fidélité tourne dans ma tête. J'ai eu peur de perdre René : il était vraiment mal. Pour moi, c'était lourd à porter : le travail, mes enfants, être à ses côtés. Ça m'a coûté cher. Alors j'ai décidé d'arrêter mon show quelque temps. Je voulais être une épouse et une mère, c'est tout. »

Pendant ce temps, Giampaolo continue de redresser la situation. Pour régénérer la formation musicale qui entoure la chanteuse, il remplace quatre musiciens. Un des artistes remerciés retient particulièrement l'attention : le directeur musical Claude Lemay, dit Mégo, un homme qui a accompagné Céline pendant la plus grande partie de sa carrière. Aux journalistes qui arrivent à le joindre, il déclare :

« C'est avec beaucoup d'émotion que je reçois la gifle de mon licenciement. Malgré tout, merci à Céline et René pour ces vingt-huit années extraordinaires. »

Il est remplacé par Scott Price, un musicien qui a joué aux côtés de Céline, au 400e anniversaire de Québec, en 2008.

Est remercié également le violoniste Jean-Seb Carré. Lui aussi exprime son amertume :

« Huit minutes pour mettre fin à douze ans de collaboration. Il semble que la nouvelle administration veuille de nouveaux visages. »

Le claviériste Yves Frulla et le guitariste André Coutu sont renvoyés aussi. Enfin, Céline met un terme à la collaboration avec sa styliste, Annie Horth. La nouvelle fait sensation dans le milieu de la mode et du spectacle. Annie s'abstiendra de commenter son départ, mais certains chroniqueurs laissent entendre qu'il a été orageux.

Giampaolo déclare à *La Presse* que d'autres postes ont été supprimés, dont celui de Dave Platel, l'homme qui avait remplacé René Angélil au pied levé lors du premier cancer en mars 1999.

« C'est comme dans une équipe de hockey, fait valoir Giampaolo. Il est parfois sain d'effectuer des changements, histoire de secouer les joueurs… »

Un autre sujet d'étonnement se répand dans les médias en 2014 : le Caesars Palace traverserait une crise financière. L'hôtel, semble-t-il, accuse un déficit évalué à 908 millions de dollars américains. Pire encore : la dette cumulée depuis 2008 atteindrait les 18 milliards. Je cite ces chiffres au conditionnel, avec les réserves d'usage, mais le trou a officiellement été évalué à plus de 10 milliards. Précisons que l'établissement appartient au groupe CEOC – Caesars Entertainment Operating

Co – qui gère quarante-quatre casinos et hôtels dans le monde, et qui souffre de la fermeture de nombreux casinos de la côte est, dont le célèbre Showboat d'Atlantic City. Cette situation résulte de la crise financière de 2008. Dans l'absolu, Céline n'est pas menacée puisqu'elle rapporte énormément au Caesars Palace de Las Vegas, mais il est vrai que la direction du complexe espère vivement la voir remonter sur scène en 2015.

Fin mars 2015, c'est avec une immense tristesse que Céline Dion s'exprime sur ABC News. L'état de son mari, dit-elle, se détériore.

« Je dois le nourrir trois fois par jour. Il ne peut pas manger, alors je le nourris. »

Elle a de la peine à retenir ses larmes. Dans une autre émission, « Good Morning America », elle confie à Deborah Roberts :

« Il ne peut pas se servir de sa bouche, il ne peut pas manger, alors je le nourris. Il a une sonde d'alimentation. Je dois donc le nourrir trois fois par jour. Je le fais moi-même. Je nourris mon mari, et je nourris mes enfants… »

Elle essaie de plaisanter mais le cœur, bien sûr, n'y est pas. Elle soupire :

« On prend la vie un jour à la fois. On a choisi de vivre. »

René lutte contre son cancer et Céline fait confiance à la vie. En même temps, elle prépare son retour au Colosseum. Elle le fait parce que René le lui a demandé avec insistance en affirmant :

« Si tu ne le fais pas, je mourrai deux fois. »

Le 5 juin 2015, il part pour Boston suivre un traitement de la dernière chance. L'établissement qui en sera le théâtre est le Massachusetts General Hospital.

Sa famille s'installe dans un presbytère à proximité. Ce déménagement est prévu pour durer un mois. C'est la condition *sine qua non* permettant à Céline d'être auprès de son mari dans ces heures difficiles.

Début août, Céline annonce sa décision de revenir sur scène.

« À la demande de mon mari, précise-t-elle. Je ne voulais pas être à Las Vegas au début, je n'en avais pas besoin. Ne vous méprenez pas, j'adore chanter pour les gens ! Mais j'ai des priorités. Je tiens le coup. Mais quand ça me touchera, ça me touchera[1]. »

Quand on lui demande ses réactions face à la maladie d'Angélil, Céline se laisse emporter par ses sentiments :

« Quand vous voyez quelqu'un se battre si fort, ça vous impacte. Alors vous avez deux options : soit vous vous dites qu'il n'y a rien à faire, soit vous regardez votre époux très malade et vous lui dites : "Je m'occupe de toi. Je tiens le coup. Je suis là. Ça va aller."[2] »

Quelqu'un se risque à l'interroger sur son rapport à la mort.

« On a demandé plusieurs fois aux docteurs combien de temps ils lui donnent. Trois semaines ? Trois mois ? René voudrait savoir. Mais eux, ils ne savent pas[3]. »

Céline reprend son souffle et ajoute :

« Je lui demande : "Tu as peur ? Je comprends. Parle-moi de ça." Alors il me dit : "Je veux mourir dans tes bras." Je réponds : "OK. Je serai là. Tu mourras dans mes bras."[4] »

1. *USA Today*, 24 août 2015.
2. *Ibid.*
3. *Ibid.*
4. *Ibid.*

Elle fait son retour au Colosseum le 27 août 2015. La salle est comble : 4 300 spectateurs la regardent fascinés, émus, heureux de retrouver leur reine. Mais la chanteuse est saisie par l'absence de René Angélil. C'est la première fois depuis ses débuts à Las Vegas.

René regarde le concert à la télévision, grâce à une retransmission spéciale. Il ne parle plus. Il entend à peine. Il mène un combat qu'il sait perdu d'avance. Et c'est ce dont Céline souffre le plus. Elle a beau le cacher, c'est son cauchemar. Cependant, elle s'efforce de rassurer son homme. Elle lui présente une bonne image d'elle-même – *une image qui pourrait être la dernière*, se dit-elle tous les jours.

Et sur scène, elle déploie une énergie considérable. Son talent est intact. Les critiques s'attendaient-ils à voir une femme ralentie par la douleur et par les épreuves de toute une année ? Ils sont conquis par le courage de l'artiste, par sa maîtrise du plateau scénique.

Elle reprend ses succès. Elle se confie à ses fans qui l'ont chaudement applaudie du début à la fin de sa prestation. La famille Dion est présente, ainsi que des amis du Québec, et des spectateurs venus du monde entier. Céline Dion s'adresse maintenant à tous les peuples de la Terre, même si elle se produit à vingt minutes de chez elle. Ce sont eux qui lui permettent de poursuivre et de survivre à l'inéluctable fin qui attend René. René le sait. C'est pourquoi il lui a demandé de revenir sur scène.

« Je ne suis pas rendue à demain, avoue Céline. Demain n'existe pas. On a toujours eu un plan, des rêves. Demain n'existe pas. On n'a pas de plan. Notre avenir commence ce soir[1]. »

1. *La Presse*, 27 août 2015.

Comment expliquer un tel courage ?

« Je pense que René me lègue sa force, dit-elle. Il n'arrête pas. Il est toujours là. »

Les concerts aussi sont une source d'énergie pour Céline Dion :

« La scène me soulage, c'est ma maison. J'ai passé trente ans de ma vie sur les planches, à sentir tous les clous sur les scènes des quatre coins du monde[1]. »

Quand un journaliste lui demande si elle avait envisagé de rester aussi longtemps au Colosseum, elle répond franchement :

« Au début, certains avaient des doutes. Mais je n'ai pas voulu être responsable d'un flop à 100 millions de dollars. »

Interrogé sur ce thème du retour de la chanteuse au Colosseum, Aldo Giampaolo se déclare émerveillé :

« Quand je la vois travailler, je me trouve paresseux. Elle n'arrête jamais… Céline et René m'ont donné carte blanche, sinon je ne serais pas venu ici. Je ne voulais pas jouer les commissionnaires. J'arrive avec ma vision et ils l'approuvent. Le changement de musiciens, c'était mon idée, et il n'y en aura pas d'autre.

« Je me suis occupé d'annuler la tournée de Céline en Asie. Ce ne sera plus possible. Céline ne peut plus être tout le temps partie. D'autant qu'elle voyage maintenant en famille. À l'avenir, on va cibler les endroits où elle pourra s'installer afin de présenter des spectacles dans les environs : Londres, Manchester, Dublin[2]. »

1. *La Presse*, 27 août 2015.
2. *Ibid.*

Céline, qui a prévu de donner quarante spectacles au Colosseum, ne tarde pas à retrouver son rythme, son énergie. Elle se sent bien. Et elle croit encore que son homme va tenir le coup.

Mais soudain…

« René voulait mourir dans mes bras, dit-elle à *Paris Match*. Hélas ! le soir de sa mort, je chantais. C'est arrivé dans la nuit du 13 au 14 janvier. Je pense qu'il a voulu se lever, et qu'il est tombé. Je n'ai pas voulu le réveiller en rentrant. C'est l'infirmière qui l'a trouvé le matin. »

Céline se rend dans la chambre de René-Charles, et lui demande s'il veut voir son père une dernière fois, avant que le corps ne soit transporté à la morgue. L'adolescent se détourne et répond non. Il préfère garder l'image de son père vivant. Céline comprend. Elle racontera plus tard :

« Vers la fin, on regardait des émissions de télé et on riait beaucoup. Le matin, il aimait que je vienne prendre mon café avec lui. Puis, j'ai recommencé à travailler. Il ne mangeait plus. Il ne prenait plus que des médicaments. Je lui disais : “Profite du paysage, regarde les enfants se baigner, il y a du soleil dehors.” Mais il n'avait plus de forces[1]. »

Quant à la question de savoir si René a fait une chute la nuit de son décès, le médecin se montre rassurant : il n'a constaté ni blessure ni hématome.

Les jours qui suivent la disparition, Céline s'enferme chez elle. Elle cherche ses repères. Elle essaie de se réinventer un quotidien. Elle a tellement donné à cet homme à la fin de sa vie ! Elle se partageait entre lui, la scène et les enfants. Et subitement, tout s'est effacé. Elle ressent un

1. *La Presse*, février 2016.

vide dans son corps et dans sa tête. Elle ordonne que la maison soit débarrassée de toute trace rappelant la maladie du défunt. Elle ne veut plus voir tout ce matériel médical – ces sondes, ces appareils respiratoires, ces moniteurs qui surveillaient la pression artérielle et le rythme cardiaque. Elle ne veut plus des pansements, des produits et des odeurs d'éther. Plus de ces seringues qui servaient aux incessantes prises de sang. Tout ça doit être enlevé.

Ayant exploré les effets personnels de René, elle dispose des souvenirs dans le bureau du disparu – sur la table où il travaillait, sur les meubles. Ce sont des trophées, des photos qu'il appréciait, sur lesquelles il apparaissait en compagnie de célébrités comme Mohammed Ali ou le colonel Parker. Céline choisit aussi les clichés montrant René avec les enfants. Elle compose un petit musée présentant des vestiges des belles années. Elle tente de garder vive la mémoire de son homme.

Cet homme dont le 16 janvier est l'anniversaire. Le premier sans lui ! C'est un mauvais moment pour Céline. Mais elle a aussi la douleur d'apprendre la mort de son propre frère Daniel, décédé ce jour-là d'un cancer de la langue, de la gorge et du cerveau – comme René.

Céline dira un peu plus tard :

« Je pense que René est venu le chercher pour l'amener en haut avec lui parce qu'il savait que mon frère souffrait trop[1]. »

Daniel Dion s'est éteint à l'âge de cinquante-neuf ans. Il est mort entouré des siens dans la maison de soins palliatifs Adhémar-Dion où il avait été admis quelques semaines plus tôt. Céline et René avaient participé à la création de cet établissement dont l'ouverture officielle

1. *Le Journal de Montréal*, février 2016.

date de juin 2010, et dont Céline a voulu qu'il soit un hommage à son père, Adhémar. L'idée est d'offrir aux résidents un cadre chaleureux pour leur fin de vie.

Coup sur coup, Céline perd l'homme de sa vie et l'un de ses frères. Il lui faut penser vite, éviter la surenchère des émotions. Dans le cas de son frère, elle opte pour la discrétion. C'est hors caméra qu'elle se rapproche de la famille de Daniel. En revanche, c'est face aux médias qu'elle vivra le deuil de René.

*

À 7 heures, le corps de René Angélil est transporté à la chapelle ardente dressée dans la basilique Notre-Dame de Montréal. À 9 heures, Céline arrive à son tour, accompagnée de ses trois fils. Le cercueil est alors ouvert. René ressemble à ce qu'il était avant la maladie : le visage a recouvré ses rondeurs, sa sérénité. Il ne reste plus de traces des souffrances causées par le cancer et par les traitements subis à Las Vegas et à Boston.

Cependant, René-Charles est choqué de voir son père maquillé par les embaumeurs.

La famille Dion se réunit un moment autour du cercueil. Céline fixe longuement son regard sur le visage de René. Elle retient ses larmes. Les siens la consolent. Ils retrouvent leur petite sœur de Charlemagne. Et Céline se sent en sécurité dans cet entourage.

Le temps passe. À 15 heures, on ouvre les portes. Le public se précipite pour saluer le disparu, lui rendre hommage, après avoir longtemps attendu dehors. Chacun veut pleurer avec Céline, partager son chagrin, lui confier sa peine. Et c'est elle finalement qui se retrouve en train de consoler ces braves gens venus échanger avec elle quelques mots parfois maladroits, toujours sincères.

René-Charles, quant à lui, est accablé. C'en est trop. Il craque. Il a toujours eu peur de la foule et celle-ci a envahi la chapelle ! Tout petit, déjà, il redoutait de voir sa maman engloutie par des hordes d'inconnus qui se ruaient sur elle et que personne ne contrôlait plus. Ce sont ces angoisses-là qui ressortent, sans doute. René-Charles est jeune encore. C'est un adolescent, même s'il fait plus que son âge. Il aura quinze ans le 25 janvier, le lundi suivant. Comment maîtriser le flot de ses émotions alors que l'on est filmé en direct par toutes les caméras du monde ?

Les grands enfants de René, Patrick, Jean-Pierre et Anne-Marie, issus d'un mariage précédent, ont à cœur de se montrer solidaires avec leurs demi-frères, et tout particulièrement avec René-Charles. Ils n'hésitent pas à se rendre auprès de Céline et à la soutenir. Ainsi, René-Charles, libéré, peut regagner la maison qu'elle a louée au sud de Montréal.

Il était prévu que Céline passerait une heure, pas davantage, avec le grand public. Finalement, la chanteuse de variété la plus célèbre du Québec, du Canada et très probablement de la planète, passera dix heures à embrasser et à consoler ses fans ! Les amis, les proches et les observateurs n'en croient pas leurs yeux. Où puise-t-elle cette énergie, ce courage ? Peut-être est-ce tout simplement de l'amour.

Puis vient le vendredi 22 janvier, jour de l'enterrement. Le temps est froid à Montréal, et Céline Dion n'a qu'une obsession :

« Il ne faut pas être en retard. Pas une seule minute de retard ! »

Plus de deux mille sept cents personnes se pressent dans la plus grande basilique du pays. Dehors, sur la place d'Armes, un écran géant diffuse en direct les images de ces funérailles nationales. Ainsi les gens qui se sont déplacés pourront-ils assister à la cérémonie. Pour le peuple du Québec, l'événement est considérable.

L'intérieur de la basilique est occupé par nombre de personnalités du monde artistique, des affaires ou de la politique. Sept cents places seulement sont réservées au grand public qui a patienté des heures dans le froid. On est venu de France, d'Angleterre, d'Allemagne ou de Suisse. Mais aussi de Vancouver. Étrangement, aucun grand artiste français n'est présent. Michel Drucker ne s'est pas déplacé. Jean-Jacques Goldman non plus. Les amis français de René ne sont pas là. Les têtes d'affiche américaines sont absentes aussi, mais elles ont l'excuse de se réserver pour l'hommage prévu le 3 février au Colosseum.

Céline arrive en tenant ses jumeaux par la main. René-Charles vient derrière avec Thérèse, sa grand-mère. Céline ne sourit pas aux caméras. Aujourd'hui, ce n'est pas la chanteuse qui est cadrée par les objectifs. Elle ne porte pas une de ces tenues scintillantes dont elle a le secret. Elle n'a pas de coiffure ébouriffante. Sa robe noire fait ressortir son teint pâle et ses joues creusées par le chagrin. Elle offre l'image d'une veuve accompagnant son époux vers sa dernière demeure.

Le scénario de la cérémonie a été écrit par René Angélil des mois avant ce jour. À 15 h 20, on diffuse le morceau « Trois heures vingt » écrit en 1984 par Eddy Marnay, et interprété par Céline Dion. Tous les enregistrements diffusés ce jour-là auront été sélectionnés par René. Mais la chanson « Trois heures vingt » dit exactement ce qu'auront été Céline et René. C'est l'ultime chant d'amour de René à Céline. Le temps, les secrets, la peur, la fusion, les rêves et l'éternité : tout y est, et chacun peut entendre le message.

Je t'ai dit non, ça ne voulait rien dire,
J'avais encore très peur hier, il me fallait le temps de réfléchir,
J'étais encore bien jeune hier,
Mais ne fais pas cette tête.
Tout ira très bien tu le sais
Puisqu'à la fin, où tu vas je vais.

Céline, sur son banc, se retourne. Il y a derrière elle un homme handicapé dans son fauteuil. C'est Jimmy Dion, son neveu. Vingt et un ans plus tôt, il apportait à Céline et René leurs bagues de mariage. Il était alors âgé de sept ans. Il est maintenant quadriplégique, suite à un accident de ski. Répétant son geste, il apportera tout à l'heure au cercueil les alliances reposant sur le même coussin jaune. Céline y déposera trois lys sombres avant de venir reprendre sa place au premier rang à gauche.

René a voulu que ses funérailles soient intimement liées à son mariage avec Céline. Il a tenu à mettre l'accent sur une continuité plutôt que sur une fin. On ne l'aura pas entendu, au cours de son existence, multiplier les déclarations d'amour tonitruantes, mais cela ne l'a pas empêché de préparer un serment éternel pour la cérémonie ultime.

Je viendrai
Trois heures vingt, place d'Italie,
Je viendrai,

Pas plus tard que la demie,
Pas question c'est dit,
De changer d'avis,
Ne crains rien, je viendrai,
Ne t'en fais pas j'ai confiance,
Tu ne te trompes jamais,
Et puis, tu sais, où tu vas, je vais.

Céline est digne, impériale de maîtrise et de retenue. Elle est forte. Elle est telle que l'a voulue son homme. Ceux qui sont venus le pleurer, elle les caresse de ses regards et les console de ses mains.

La messe est célébrée par Mgr Christian Lépine, archevêque de Montréal, et Mgr Ibrahim Michael Ibrahim, de l'église catholique orientale melkite. René était né dans une famille libano-syrienne. Mgr Lépine le connaissait fort bien puisqu'il habitait le quartier Villeray dans sa jeunesse, et qu'il était même un fan des Baronets. Lui et René avaient le même âge et le futur archevêque, dans sa jeunesse, a adoré la musique yé-yé.

Patrick Angélil, quarante-sept ans, l'aîné des enfants de René, prend la parole :

« Ces derniers jours, nous nous sommes tous remémoré René Angélil, le conquérant du show-biz, le manager acharné, talentueux, intelligent, visionnaire, l'homme qui a su faire rayonner le Québec à travers le monde. Mais nous nous rappelons aussi l'homme doux, généreux et charismatique qu'il était.

« René Angélil, c'est aussi notre papa, à Jean-Pierre, à Anne-Marie, à René-Charles, à Eddy, à Nelson et à moi. Il ne l'a pas été de la même façon pour chacun d'entre nous, mais il nous a tous aimés avec la même passion, et nous le savons.

« Il ne pouvait pas toujours être avec nous, mais il ne manquait jamais une occasion de nous déclarer son amour. Toute notre vie, notre père nous a dit : “Je t'aime.” Il s'occupait aussi de notre bien-être. Il se faisait un devoir de veiller à ce que nous ne manquions de rien. Pour lui, l'important c'était le partage : sa famille, ses amis. Il voulait toujours que le moment présent soit extraordinaire. Il avait ce don de transformer une situation banale en un souvenir mémorable. Tout au long de sa vie, notre père aura été un modèle pour nous. Il nous a enseigné qu'il fallait traiter les autres comme on aimerait être traité soi-même. Papa, repose en paix. Merci pour tout l'amour que tu as su nous donner. Et, comme tu l'as toujours si bien dit…

Ici, Patrick imite la voix de son père :

“Tout va être correct.” Nous t'aimons, papa. Merci. »

C'est ensuite à René-Charles de prendre la parole. Cette fois, il tient bon et se conduit en professionnel. Sa mère lui a suggéré de s'adresser aux fidèles en lui disant :

« Ce sera la dernière fois que tu pourras parler à ton père. »

Il domine sa timidité pour prononcer un hommage qui charme l'auditoire :

« J'ai la chance d'être né dans une famille où il y a eu beaucoup d'amour avec maman et papa. J'ai appris que ce qui compte le plus dans la vie, c'est la famille. »

Il poursuit en anglais en donnant à son propos une tonalité plus personnelle :

« Quinze ans, ça ne laisse pas beaucoup de temps à un fils pour connaître son père. Tu as eu une vie chargée, mais nous avons communiqué à travers le golf, le hockey, le poker et le *smoked meat*… »

Cette allusion au célèbre sandwich montréalais déclenche des sourires sur les bancs de la basilique.

« Je partagerai mes souvenirs avec mes frères. Quand ils grandiront, je m'assurerai de transmettre ce que tu nous as appris. Je t'aime, papa. »

C'est une Céline Dion pleine de fierté que filme à cet instant, en gros plan, la caméra. Elle aussi a sur les lèvres un léger sourire.

Patrick Angélil, le premier fils de René, travaille depuis plusieurs années dans l'organisation de Céline Dion, à titre de directeur de tournée. Il revient saluer son père une dernière fois en ces termes :

« Tu es un modèle difficile à suivre mais, avec ton aide, tout va bien se passer. Papa, je te promets que nous serons à la hauteur de tes attentes. Je t'aime, papa. »

On entend des chants libanais, puis « L'amour existe encore ».

La dépouille de René Angélil redescend lentement la nef sous les applaudissements des fidèles, et il est rare d'entendre la vieille basilique résonner de pareilles effusions. La dernière fois que des applaudissements ont retenti ici, c'était en 1987, aux funérailles de René Lévesque, l'ancien Premier ministre du Québec, l'homme le plus aimé des Québécois, sans doute. Les haut-parleurs diffusent alors la chanson d'amour préférée de René : « Pour que tu m'aimes encore », interprétée par Céline. Le cercueil franchit la grande porte, porté entre autres par les fils de René, puis s'arrête au pied des marches.

Céline, qui a suivi la dépouille, a franchi elle aussi le seuil de l'église. Lâchant les mains de ses jumeaux, elle descend l'escalier. Elle s'approche du cercueil. Du bout des doigts, elle inscrit sur le cercueil noir un message dont seuls elle et lui connaissent le sens. Elle se penche pour embrasser une dernière fois son mari.

Les phares forment un chapelet dans la nuit de Montréal. Bientôt, le convoi de voitures pénètre dans le cimetière Notre-Dame-des-Neiges, près du mont Royal. C'est dans la plus grande discrétion que René Angélil est transporté jusqu'à sa dernière demeure. Aucun média n'est autorisé à filmer la scène. L'imprésario le plus célèbre du monde prend place dans le caveau de la famille Angélil. Il reposera à côté de Monique Gallant, épouse d'André Angélil, frère de René, et près de leurs parents, Joseph Angélil et Alice Sara.

Seize ballons bleus et blancs s'élèvent dans le ciel. C'est le choix de Céline : sa façon de dire aux jumeaux que leur papa s'en va rejoindre leur grand-père Adhémar.

7

Retour au Québec

C'est avec beaucoup d'émotion que Céline Dion a renoué avec ses admirateurs et admiratrices de Montréal. D'autant que nombre d'entre eux s'étaient présentés à la chapelle ardente et à la basilique Notre-Dame pour les funérailles de René Angélil les 21 et 22 janvier 2016. Montréal est une ville importante dans le cœur de Céline qui est fière d'être québécoise. C'est dans cette ville que tout a commencé, c'est là que les ballons se sont envolés pour aller rejoindre sa nièce Karine, son père Adhémar et son frère Daniel.

Voilà sept ans que la star internationale n'est pas montée sur une scène montréalaise. À en croire la bruyante ovation qui l'accueille au Centre Bell, il faut se rendre à l'évidence : les inconditionnels de Céline Dion n'en pouvaient plus de l'attendre.

Les chiffres parlent d'eux-mêmes – ces chiffres qu'affectionnait tant René Angélil, et qui signifiaient tellement pour lui. Pas moins de dix spectacles consécutifs à guichets fermés, du 31 juillet au 17 août. C'est la plus longue série de concerts présentés par le même artiste dans toute l'histoire du Centre Bell. S'y ajoutent cinq autres spectacles qui emplissent le Centre Vidéotron à Québec, et deux autres encore à Trois-Rivières. Au total : 222 500 spectateurs et une recette dépassant les 26 millions de dollars canadiens. Je cite les chiffres de *Billboard*. Suivront onze concerts à Anvers et Paris. Chiffre d'affaires cumulé de l'été 2016 : 56 millions de revenus. Ces montants auraient porté aux anges M. Angélil.

En 2008 et 2009, les producteurs montréalais et Céline Dion avaient réussi à attirer au Centre Bell plus de 240 000 spectateurs dans le cadre de la tournée mondiale « Taking Chances ». Montréal, sur ce chapitre, domine donc Paris et ses 180 000 spectateurs du Stade de France. Tokyo fera 100 000 entrées en deux spectacles.

En somme, le meilleur public de Céline demeure celui de Montréal. Cependant, l'affection des Français va croissant. Le dernier concert de la chanteuse à Bercy ne laisse planer aucun doute : ils connaissent les chansons et la vie de Céline Dion.

Il n'est pas rare d'entendre des fans de nombreux pays affirmer qu'ils ont vu tous les spectacles de Céline Dion en Belgique, à Bercy et au Centre Bell. L'opinion générale est que ce n'est jamais le même spectacle. Céline est une artiste mondiale au plein sens du terme.

Mais c'est à Montréal qu'elle a caché un temps sa vie familiale et privée. Naguère, les Angélil avaient pris l'habitude de trouver refuge dans leur superbe manoir, sur l'île Gagnon. Puis le manoir a été vendu, comme on sait, et Céline, devenue veuve, a choisi d'en louer un autre. Son nouveau château se situe à Saint-Mathieu-de-Belœil. Il semble qu'elle ait été particulièrement heureuse de son choix puisque ses enfants ont découvert un Québec qu'ils n'avaient jamais connu. En fait, Saint-Mathieu, c'est ce que le Québec a de mieux à offrir : une température agréable, une nature riche, une flore verdoyante et de nombreux lacs.

La star s'émerveillait de voir ses jumeaux faire connaissance avec les grenouilles qui bondissaient sur son terrain. René-Charles, quant à lui, s'est découvert une passion pour la pêche. Il est bien connu que les pêcheurs inclinent à exagérer leurs exploits, mais pourquoi ne pas le croire quand il affirme avoir attrapé là-bas vingt et une truites grandes comme ça ? Elles se sont d'ailleurs révélées excellentes à manger, à en croire la maman.

« À Las Vegas, les enfants jouent dans un carré de sable. On ne se plaignait pas mais ici, c'est la vraie grande nature. Le soir, on fait des feux de camp. Quand les enfants s'approchent du feu, ça leur rappelle la température de Las Vegas. Là-bas, on ne pouvait pas marcher sur l'asphalte. Ici, le gazon est vert. Il y a plein de lacs et de rivières. Un de mes fils m'a dit qu'il avait même trouvé des étoiles par terre. Bon, c'étaient des lucioles. Il a cru voir des étoiles.

« Vous savez, sans me vanter, j'ai fait le tour de la Terre. Eh bien ! je peux vous dire qu'on a ici le plus beau parc du monde. Il faut l'aimer et y faire attention. Chez nous, les enfants jouent dehors. Les miens courent après les grenouilles. Ils veulent même les adopter. René-Charles est tout fier de ses prises. Il m'a demandé si l'on ne pourrait pas acheter le lac[1]. »

1. Conférence de presse après son spectacle au Centre Bell, à Montréal, le 31 juillet 2016.

Céline a répondu qu'elle allait y réfléchir.

De temps en temps, les activités de ses enfants devaient aussi la terroriser. Il existe par exemple une vidéo montrant René-Charles plongeant du haut d'une falaise pour disparaître dans les eaux d'une petite rivière. On voit le garçon refaire surface tout sourires. Il y avait pire : il lui arrivait de dévaler les montagnes à moto.

C'était dangereux mais sa mère comprenait. Du reste, elle s'affirme permissive :

« Je préfère qu'il soit près de la maison et qu'il me tienne au courant de ses activités. Je n'aimerais pas savoir qu'il fait tout en cachette. »

Céline s'est également rendue, en famille, au club de golf Mirage, lequel précisait sur son logo : Golf de Céline Dion. C'est la vérité : Céline en est devenue l'actionnaire principale. Il s'agit d'un des plus beaux clubs de golf du pays. Céline, qui avait décidé d'abandonner ce sport, a cependant assisté au tournoi annuel de Michel Therrien, l'entraîneur du club de hockey. René-Charles n'aurait manqué pour rien au monde pareille occasion de parcourir le green avec ses idoles, et de faire montre de son talent.

Un autre cadeau l'attendait et il est venu d'Alain Sylvestre, hier son parrain et complice à Las Vegas. Alain a tenu à organiser un match de hockey entre Las Vegas et Montréal à la patinoire de Lachenaie. René-Charles a chaussé les patins. Il a joué avec des hockeyeurs professionnels dont Kristopher Letang, membre des Blackhawks de Chicago. Il excelle dans ce jeu. Il a d'ailleurs marqué un but au cours de cette partie. Sa mère était dans les gradins, applaudissant à tout rompre et criant de joie. Elle tient à transmettre à son fils l'amour du

Québec, et cette expérience a certainement apporté de l'eau à son moulin.

Les journalistes ne peuvent résister à la tentation de lui demander si elle n'a pas l'intention de s'établir définitivement au Québec. Elle leur fait généralement des réponses évasives. Elle dit que nul ne connaît l'avenir, etc. Elle ajoute cependant qu'elle se sent parfaitement heureuse dans son pays où l'été est si merveilleux, et qu'elle adore aller prendre le thé chez sa mère.

Il y a l'été, mais il y a l'hiver aussi. Et Céline ne les apprécie guère. C'était déjà le cas de René qui n'aimait pas le froid, surtout quand il était malade. Les enfants, eux, n'en ont pas encore fait vraiment l'expérience – quand le mercure tombe sous la barre des moins trente, que les grenouilles ne sortent plus de leur trou, ni les lucioles, pas même les ours et les marmottes, quand les lacs sont gelés et que l'on attrape des engelures au hockey. Cependant, nombre de Québécois aiment la famille Dion-Angélil. Céline fait partie de leur rêve.

Il faut envisager aussi la question des affaires. C'est un détail qui n'est pas sans importance. S'établir au Québec, quand on a des revenus aussi considérables, exige d'énormes sacrifices financiers. Le fardeau fiscal de ce pays, déjà écrasant pour la classe moyenne, l'est encore plus pour les nantis. De plus, les taxes pour les services et la consommation sont les plus élevés de toute l'Amérique. Même les déductions fiscales sont moins généreuses qu'aux États-Unis. À quoi s'ajoute la valeur du dollar canadien : son taux est plus faible que celui du dollar américain. Il n'est pas difficile d'imaginer ce que Céline Dion aurait à perdre en s'établissant au Québec avec des rentrées qui vont de 200 à 300 millions, avec une fortune évaluée à plus de 700 millions de dollars – américains.

C'est un aspect des choses à prendre en considération et il y en a d'autres encore. Comme le fait que Céline Dion ait accédé au rang de star internationale acclamée et réclamée aux quatre coins de la Terre. Elle a besoin d'accéder aux meilleurs studios d'enregistrement et aux meilleures salles. Elle doit toucher le plus grand nombre d'admirateurs possible.

Et puis Céline et René ont élevé leur famille au sein de la culture américaine. Avant de s'installer à Las Vegas, c'est à Jupiter, en Floride, que Céline avait tenu à faire construire la maison de ses rêves. C'est là que René-Charles est né, là qu'il a grandi. Il maîtrise parfaitement le français, mais c'est en anglais qu'il est le plus à l'aise. Il a noué des liens avec des Américains de son âge. Ses frères ont fait de même. Au Nevada, aucun d'eux n'a à souffrir de rien. Résultats, ils ont pris racine aux États-Unis et fréquenté là-bas le milieu du show-biz. Écoutons Céline :

« Au fond, je me plais dans cette petite ville de Henderson. Comme partout, on y construit des écoles, des églises et des routes. Les gens y travaillent. Ils y ont des rêves[1]. »

Tout en étant attachée à sa vie actuelle, elle ne renie pas plus son pays natal que les valeurs familiales qui ont nourri son enfance. Et elle dispose de tous les moyens de transport et de communication pour rester en contact étroit et permanent avec ses origines.

---

1. Conférence de presse au Centre Bell, à Montréal, le 31 juillet 2016.

En fait, elle et René ont apporté beaucoup du Québec à Las Vegas. Ils ont attiré là-bas amis et parents. C'est en français qu'ils parlent avec eux la plupart du temps. Guy Laliberté a fait la même chose en imposant son label francophone Cirque du Soleil en terre américaine et partout dans le monde. Les réunions de son conseil d'administration se déroulent en français. À Las Vegas, sur le *Strip*, Céline et lui sont voisins. Et l'entreprise de Laliberté a beau avoir vendu récemment la majorité de ses parts à des intérêts étrangers, sa base culturelle demeure québécoise. On peut dire que le Québec exerce une certaine influence sur la vie de Las Vegas. Nombre d'architectes, de metteurs en scène et de producteurs canadiens s'y sont établis, et y insufflent leur état d'esprit.

C'est pourtant au Québec que René et Céline ont convolé en justes noces ! Au Québec qu'ils ont baptisé leurs enfants. Au Québec, enfin, qu'Angélil repose dans sa dernière demeure : au cimetière Notre-Dame des-Neiges.

8

L'avenir

Il est paradoxal de voir Céline Dion déployer une telle énergie après avoir autant souffert de la maladie et du décès de René Angélil. Tout se passe comme si elle voulait venger la mort de l'homme de sa vie en vivant toujours plus vite, toujours plus fort, en défonçant les barrières. Il est vrai qu'elle a changé depuis son retour sur scène ; elle s'affirme dans son comportement, dans son apparence et dans ses projets.

Avec son nouveau styliste, Law Roach, elle nous en fait voir de toutes les couleurs. Elle n'a plus rien de la veuve noire terrassée par le chagrin et les regrets. Elle a même rajeuni son look. Et son cœur, peut-être. Son homme est mort ? Elle entend lui survivre en mettant les bouchées doubles, et en maîtrisant totalement sa vie.

« J'étais préparée, dit-elle. Et j'ai vécu mon deuil pendant trois ans. Je suis triste mais il me donne de la force. Je veux qu'il soit fier de moi. »

Peut-être essaie-t-elle aussi de l'impressionner à sa manière. Elle évolue dans un nouvel environnement.

Elle déploie de nouveaux moyens. À l'évidence, elle se cherche de nouveaux défis, de nouvelles expériences artistiques. Elle n'est pas femme à se satisfaire de ses succès, à se reposer sur ses lauriers.

« Avec l'expérience, je n'ai plus rien à prouver : ni à ma famille, ni à mon mari, ni à l'industrie du disque, ni à moi-même. Maintenant, j'exerce mon métier seulement pour mon plaisir, et c'est pourquoi il me passionne encore plus. J'ai besoin de la scène et j'ai besoin de rencontrer les gens. Ils m'ont toujours aidée à traverser les épreuves. Désormais, je mène ma carrière à ma guise, en pensant à mes enfants, en me rendant disponible pour eux. Et je chante ce que j'ai envie de chanter[1]. »

Depuis sa petite enfance, elle a vécu sur scène. Et c'est sur scène qu'elle s'est transformée, d'un spectacle à l'autre, durant l'été 2016. Elle se préparait à une nouvelle vie. Elle entendait combler le vide laissé par la mort d'Angélil. Il a fallu apprendre aussi à fonctionner sans lui. Mais elle a sa thérapie : l'amour que des milliers de spectateurs lui expriment soir après soir.

D'autre part, son nouveau look a produit ses effets. Il a été particulièrement remarqué à Paris, la capitale de la mode. Une autre façon de s'habiller devait correspondre à un profond besoin de changement – changer de peau, changer d'image, changer d'âge. Céline a fait ses adieux au style bon chic bon genre, à une allure résolument conservatrice. À Paris, on la voit dans de longs manteaux sous lesquels elle porte des jeans ajustés et de hautes bottes qui magnifient ses jambes. Elle apparaît même une fois en sweat-shirt molletonné à capuche, devant une photo de Jack et de Rose, les héros du film

1. Conférence de presse, 31 juillet 2016.

Titanic. Elle a tenu à envoyer ce clin d'œil au public. C'est d'autant plus amusant qu'elle n'a jamais aimé la chanson du film : « My Heart Will Go On ». Quoi qu'il en soit, le sweat-shirt se vendait 1 100 dollars. Et il est en rupture de stock.

À Paris, la star québécoise se montre aussi dans les défilés de haute couture : on la remarque et on l'admire assise au premier rang. C'est important, aux yeux de cette ancienne adolescente complexée qui se jugeait moins attirante que Vanessa Paradis, la première fois qu'elle est venue à Paris dans les années 1980. L'hebdomadaire *Elle* a même pu déceler en elle « la nouvelle icône de la mode ».

Céline n'hésite pas à lancer sa propre ligne de produits en signant un contrat de plusieurs années avec la société Epic Rights et Prominent Brand + Talent. Sa collection comprend des vêtements, des accessoires de mode, des produits de beauté et de santé, ainsi que des articles de la maison.

Quand René était très malade, et qu'elle voulait encore lutter à ses côtés, elle a appelé Jean-Jacques Goldman pour lui demander une nouvelle chanson.

« Tout ce que pouvais écrire pour toi, répond Goldman, je l'ai écrit.

— D'accord, mais je voudrais une chanson spéciale pour René. Il ne va pas bien. Je veux qu'il se batte encore. L'aider à ne pas baisser les bras. »

L'auteur-compositeur préféré de Céline se remet au travail. Ses efforts donneront un nouveau morceau : « Encore un soir ». L'album n'était pas encore sorti que le single de cette chanson grimpait au top du hit-parade dans tous les pays francophones. L'été suivant, les fans attendaient avec impatience l'album complet.

Il comprendra des chansons interprétées par Céline dans ses spectacles de l'été 2016, dont « Ordinaire », un morceau de Charlebois, dans une nouvelle version qui enchante les auditoires.

« Cet album m'a aidée à passer à autre chose, dit Céline. René est présent dans les quinze chansons. Il avait même choisi la photo de la pochette. Moi, je n'aimais pas mon sourire. Mais il préférait cette photo, alors on l'a prise[1]. »

Dans un autre domaine, il est question depuis une dizaine d'années d'un film dans lequel elle incarnerait Maria Callas. Céline a les ressources nécessaires pour interpréter la femme aussi bien que la diva, mais l'affaire n'est toujours pas conclue. Et Céline ne s'en soucie pas particulièrement : elle profite d'un regain de jeunesse, à moins qu'elle ne vive enfin la jeunesse qu'elle n'a pas eue.

Voilà quelques années, elle et René avaient déjà songé à monter un spectacle essentiellement composé de musique classique. Céline y aurait interprété les plus grands airs d'opéra. Le projet était sur le point de se concrétiser quand on s'est aperçu qu'un tel concert nécessitait un réaménagement complet du plateau scénique. Des changements de musiciens allaient s'imposer. L'agenda de la chanteuse serait modifié. Bref : c'était mission impossible.

D'autant qu'elle a désormais un autre projet en tête, dont elle s'est ouverte en exclusivité dans les colonnes du magazine *Elle :* adopter une petite fille. Céline a dit vouloir introduire un peu de féminité dans son clan. Ceux qui la connaissent ne sont pas surpris. Ils savent

1. *Presse canadienne*, 26 août 2016.

combien la star est attachée à ses nombreux frères et sœurs. Tout son univers ne tient-il pas dans sa famille ? Elle a perdu son frère Daniel en même temps que René. Les autres vieillissent. Ils vivent loin de Las Vegas. Les retrouvailles se font plus rares. Agrandir son petit clan lui permettrait de renouer avec la magie de sa propre enfance : ambiance de fête, de violon et d'accordéon, comme au bon vieux temps de Thérèse et d'Adhémar...

« Je dois avouer, dit-elle, que j'ai pensé très souvent à adopter une petite fille. Un jour, peut-être. Qui connaît l'avenir ? J'aime penser que ma vie est un grand livre ouvert dont il reste beaucoup de pages à parcourir[1]. »

Une fille ! ne serait-ce pas la complice idéale pour *magasiner* au Québec et faire du *shopping* à Paris ? Elle imagine les petits vêtements, les jolies robes que Law Roach ne manquerait pas de lui dessiner. Elle rêve de voir cette enfant grandir, de lui offrir les moyens de s'épanouir, de lui insuffler de la confiance.

Une petite fille l'aiderait peut-être à effacer les frustrations de sa propre enfance.

Et quant à savoir si Céline a en ce moment un homme dans sa vie, inutile même de poser la question.

« Je sens que mon mari me porte encore, dit-elle. Et qu'il souhaite mon bonheur. Mais avoir un autre homme dans ma vie... Dans cinq ans, dans dix ans ? Je n'y pense pas une seconde. Des hommes, pour l'instant, j'en ai trois à la maison[2]. »

Les enfants : tel est l'avenir de Céline Dion et de René Angélil. Leur histoire n'est pas achevée puisque celle de

---

1. *Elle*, 4 août 2016.
2. *Ibid.*

leurs enfants commence. Cette progéniture n'a pas été conçue facilement. L'entreprise s'est même parfois révélée dangereuse, étant donné les fausses couches et les douloureuses tentatives de fécondation. Aujourd'hui, les enfants sont une priorité. Ils ont été voulus si intensément ! Obsessionnellement, même. Ils prolongent un amour sans fin. Ils multiplient l'amour.

Un amour dont René-Charles est le représentant privilégié. Il est et restera le premier. Il a ouvert le chemin de l'avenir. D'ailleurs René, à la fin de sa vie, était très proche de ce fils-là. Ils ont fait du sport ensemble, assisté à des matchs. Ils ont même joué au poker. Et partagé tant d'excellents repas. René en profitait pour transmettre à son fils ses secrets. Ses valeurs aussi. Et ses directives. Tout comme il a initié Céline à la chanson et à la scène, il a appris à René-Charles à régner sur une famille. En effet, René aura toujours été un merveilleux professeur. Voyant que René-Charles entrait dans l'adolescence, prenait des risques, se donnait quantité de défis, il l'a laissé faire. Il savait que c'était un moment à passer, une expérience qui devait s'accomplir.

René-Charles a longtemps traîné dans les médias l'image d'un garçon timide, caché derrière les jupes de sa mère ou sous ses propres cheveux longs. Il est vrai que, face aux photographes, il demeurait figé et ne disait pas un mot. Il donnait l'impression d'être sans charisme. Il semblait n'avoir pas envie de communiquer. Par moment, il était même paralysé. René ne s'en formalisait pas. De toute façon, il avait décidé que René-Charles vivrait éloigné des médias. Il entendait protéger son fils, plutôt que de le jeter en pleine lumière. Il n'ignorait pas que René-Charles était surveillé par tous les organes de presse de la Terre. Il l'était déjà pendant la grossesse de Céline ! Puis sa naissance a été commentée dans tous les pays du monde. De même sa prime enfance. Par la suite, il a longtemps gardé les cheveux longs. Il grandissait dans la discrétion en Floride et à Las Vegas. Sans être photographié. Sans prononcer un mot.

Si d'aventure il faisait une apparition en public, il était toujours accompagné de sa mère. On disait qu'il avait un précepteur, et que les sports l'attiraient – on n'en savait pas davantage.

Après la mort d'Angélil, c'est à une toute nouvelle réalité que René-Charles doit faire face. Il n'a même pas quinze ans. Le visage de son père mort le choque. C'est pourquoi il s'enfuit, préférant aller se cacher dans cette maison louée par sa mère à Saint-Mathieu-de-Belœil. Ce sera la dernière réaction de son enfance. En effet, le soir même, Céline lui parle. Durant la nuit, il se métamorphose. Le lendemain, il a pris conscience du rôle qui vient de lui échoir, des responsabilités qui l'attendent. Il n'a plus le choix. Il est devenu un homme. Désormais, il doit être là et s'exprimer. Céline, en lui disant que c'était la dernière occasion qui lui était offerte de parler à son père, lui demandait de se comporter comme un chef de famille.

Le jour des funérailles, en la basilique Notre-Dame de Montréal, il a su prendre la parole et dire ce qui devait être dit. Il a prononcé des mots aussitôt diffusés sur toute la planète. Il a insisté sur les valeurs et sur leur transmission. Il a présenté Angélil comme un modèle. Sa mère pouvait être fière de lui. Il n'a pas cessé depuis d'avoir le contrôle de la situation.

De retour aux États-Unis, René-Charles monte sur scène en tant qu'invité surprise pour remettre à sa mère son Icon Awards. Céline ne s'attendait absolument pas à se trouver face à face avec son fils ! René-Charles, ce jour-là, confirme aux yeux du monde qu'il a changé d'image. L'enfant timide aux cheveux longs n'est plus. Ni l'ado qui fuyait les objectifs. Il est remplacé par un beau jeune homme dont les filles commentent la beauté sur les réseaux sociaux.

René-Charles est déjà une vedette. Désormais, on veut tout savoir sur son compte. Instagram et Twitter témoignent de ses exploits sportifs. Un mouvement de karaté lui permet d'atteindre un morceau de bois juché sur la tête d'un ami. Il fait un saut de trente mètres pour plonger dans une rivière des Laurentides. Mais le sport qui a sa préférence, c'est le hockey. Après avoir évolué avec les Junior Wranglers catégorie A, il joue désormais pour le Storm de Las Vegas, catégorie Midget AA. Dans deux ans, qui sait s'il ne sera pas dans une ligue nationale ? Pourquoi pas le Canadien de Montréal, l'équipe de hockey la plus prestigieuse au monde ?

Comme la plupart des garçons de son âge, il s'intéresse aux filles. Il a déjà rencontré quelqu'un, une native de Las Vegas qu'il a fréquentée quelque temps. C'est sa première petite amie. Il l'a déjà invitée au cinéma. Céline n'était pas trop inquiète : les parents de la demoiselle étaient dans la salle…

Cette jeune fille a l'âge de René-Charles. Elle est étudiante. Elle consacre ses loisirs au patinage artistique. Son nom, jusqu'ici, est demeuré secret, mais il est possible de le révéler aujourd'hui : Angélique Weckenmann. On l'a vue dans la résidence de Céline, laquelle a tôt fait de réagir quand on lui parle des fréquentations de son fils. Dans l'émission « Sucré, Salé », diffusée sur TVA, elle le fait en ces termes :

« Il était avec une bonne fille et j'aimais bien que ses parents la surveillent. Mais cette relation ne semble pas être allée bien loin. Je ne sais pas comment je vais réagir, le jour où il va ramener à la maison celle qu'il pensera être la bonne. Si on s'assoit dans le salon et qu'elle met la main sur la cuisse de mon gars… Je vais craquer ! »

Elle grimace. Elle est prête à exploser. Mais elle s'apaise bientôt. Et elle ajoute, pleine de compassion :

« J'aime mieux que ça se passe dans mon salon, de toute façon. L'important, c'est qu'il trouve la bonne personne, et qu'il soit heureux. Moi, j'ai choisi le mien, je veux qu'il choisisse la sienne. Je suis permissive avec mes enfants. Si je les emprisonne, ils vont aller le faire ailleurs. Je préfère qu'ils le fassent dans ma cour. »

Les jumeaux Nelson et Eddy n'ont que six ans. Ils n'ont donc pas encore d'amoureuse. Mais Eddy a déjà informé sa cousine qu'il avait l'intention de l'épouser. Affaire à suivre…

Les jumeaux, nés en octobre 2010, ont toujours vu leur père malade. Sans doute auront-ils conservé peu de souvenirs de lui. Mais René a tout prévu : René-Charles leur racontera un jour la plus belle histoire d'amour qui soit, celle de leurs parents.

Table

BOB DYLAN
Jean-Dominique Brierre

Sa vie durant, Bob Dylan n'aura cessé de jouer avec les masques : celui du fils spirituel de Woody Guthrie, du chanteur folk engagé, de la rock star hallucinée, du père de famille attentif, du fou de Jésus, du crooner. Sans jamais abdiquer son goût de la liberté, son sens de l'humour et de la subversion.

Toutes ces représentations ont forgé une légende dont il se sert pour mieux brouiller les pistes. Mais derrière le mythe se cache un des artistes majeurs des cinquante dernières années, Prix Nobel de littérature, auteur de plus de cinq cents chansons, en tournée perpétuelle à travers le monde depuis un quart de siècle.

Chanteur et musicien, mais aussi peintre, cinéaste et écrivain, Dylan est avant tout un poète. À partir de son œuvre et des interviews accordées de 1962 à 2015, Jean-Dominique Brierre élève l'artiste au-dessus des clichés. Mis en perspective, montés à la manière d'un film, chansons, poèmes et déclarations forment le portrait intérieur de Dylan.

Un voyage chronologique et thématique qui interroge notamment son rapport aux femmes, au cinéma, à la religion, à la scène.

Journaliste et historien de la musique, ***Jean-Dominique Brierre*** *a écrit plusieurs ouvrages sur les chansons folk et rock, notamment* Leonard Cohen par lui-même *(Cherche Midi, 2014) et* Johnny Hallyday, histoire d'une vie *(Fayard, 2009). Auteur de biographies de Barbara, Piaf, Reggiani et Jean Ferrat (L'Archipel, 2004 et 2010), il se passionne pour Bob Dylan depuis son adolescence.*

ISBN 978-2-8098-1903-8 / H 11-6640-0 / 368 pages / 22 €

Cet ouvrage a été composé
Par Atlant'Communication
au Bernard (Vendée)

Impression réalisée par
CPI France
en décembre 2016
pour le compte des Éditions de l'Archipel
département éditorial
de la S.A.S. Écriture-Communication.

Imprimé en France
N° d'impression : 3020366
Dépôt légal : janvier 2017

dem bereits verstorbenen Sternenkind im Arm, und wieder andere haben zumindest noch ein Ultraschallbild und einen Mutterpass. Aber es gibt auch Mütter und Väter, denen noch nicht mal ein Ultraschallbild geblieben ist, weil ihr Engel bereits so früh zu den Sternen ging.

Aus diesem Grund gibt es sogenannte Erinnerungsschleifen, auf Englisch auch „Awareness Ribbons“ genannt. Sie sind zweifarbig: in Rosa und Hellblau. Sie stehen für Kinder, die vor, während oder nach der Geburt oder am plötzlichen Kindstod verstorben sind. Diesem Buch liegt eine solche Erinnerungsschleife bei.

Danksagung

Wir danken allen, die in unserer schweren Zeit für uns da waren, an deren Schulter wir uns anlehnen und ausweinen konnten.

Den Menschen, die uns Kraft gegeben und uns unser Ziel neu vor Augen geführt haben, wenn wir nicht mehr konnten. Denen, die an uns geglaubt und uns immer wieder motiviert haben. Und denen, die uns so akzeptieren, wie wir sind, und trotzdem an unserer Seite stehen.

Danke an alle, die Jahr für Jahr die Sternengeburtstage mit uns feiern, uns in unserer Trauer ernst nehmen und uns mit Sprüchen verschonen. Ihr seid für uns so wichtig!

Danke auch Herrn Udo von Langsdorff, unserem Anwalt, der seit vielen Jahren an unserer Seite steht und mit uns dafür kämpft, dass die Rechte von Sternenkindern und deren Eltern gewahrt werden.

Dieses Buch zu schreiben, war für uns ein großer Kraftakt.

Wir danken allen, die uns dabei unterstützt, uns geholfen und Beiträge für das Buch zur Verfügung gestellt haben.

Besonders nennen möchten wir Christiane von Boehn, Dr. Hans Bräuniger, Daniela Deuser, Janett Georgi, Roland Kachler, Ralf Korrek, Daniel Löw, Dr. med. Myriam Mandelka, Veronika Martin, Monika Mazur, Prof. Dr. med. Ulrike Rieke, Robert Schmidtner, Hanna Schott, Bundesfamilienministerin a. D. Dr. Kristina Schröder, Klaus Poths, Stefan Rüth, Stefanie Vogelsang, Klaus-Peter Willsch, Stefan Wiesner, Hans-Josef Wüst und Dr. Christoph Zimmermann-Wolf.

Wir danken allen, die mit uns unterwegs sind und uns in unserem Anliegen unterstützen, ein Bewusstsein für die Sorgen und Nöte von Sterneneltern zu schaffen und für die Trauernden da zu sein.

Adressen

Unsere Internetseiten:

www.jltfpw.jimdo.com
www.sternenkinderhimmel.com
facebook.com/sternenkinderhimmel.com
facebook.com/festimherzen
facebook.com/barbaraundmario

Auf unseren Webseiten und Facebook-Seiten finden Sterneneltern stets aktuell gehaltene Empfehlungen zu Initiativen, Vereinen, Einzelpersonen und deren Links.

Weitere informative und hilfreiche Vereine, Initiativen und Internetseiten:

Bundesverband Verwaiste Eltern in Deutschland e. V.
Roßplatz 8a, 04103 Leipzig
Telefon 0341/9468884
kontakt@veid.de
www.veid.de

Katharina-Kasper-Stiftung
Katharina-Kasper-Straße 12, 56428 Dernbach
Telefon 02602/949480
info@katharina-kasper-stiftung.de
www.katharina-kasper-stiftung.de

Frauenworte e. V. (Aktion Schmetterlingskinder)
Die Bruchweide 13, 68642 Bürstadt
Telefon 06206/964915
info@klinikaktion.de
www.klinikaktion.de

Trauernetz
c/o Arbeitsstelle Internet der Evangelischen Kirche im Rheinland (EKiR)
Hans-Böckler-Str. 7, 40476 Düsseldorf
Telefon 02191/55712
trauernetz@ekir.de
www.trauernetz.de

Gedichte von Ralf Korrek
www.land-der-sternenkinder.de

Weitere Informationen und Hilfen bei:

Telefonseelsorge
www.telefonseelsorge.de
Telefon 0800/1110111
Telefon 0800/1110222

Deutscher Hebammen-Verband
www.hebammenverband.de

Bund freiberuflicher Hebammen Deutschlands e. V.
www.bfhd.de

Bundesverband Deutscher Bestatter
www.bestatter.de

Links:
www.initiative-regenbogen.de
www.sternenkinder.de

Schweiz und Österreich:
www.verein-regenbogen.ch
www.fpk.ch
www.shg-regenbogen.at

Wir tun uns schwer, Empfehlungen auszusprechen, und können nicht alle Adressen aufführen, wissen aber, dass es noch viele hilfreiche und informative Adressen gibt. Wisst ihr noch weitere, dann schickt uns diese bitte per E-Mail an: *info@sternenkinderhimmel.com*

Foto: Sophie Kröher

Barbara & Mario Martin

Jahrgang 1975 und 1973. Gemeinsam betreibt das Ehepaar einen Friseursalon in Niederbrechen bei Limburg. Bundesweit bekannt wurden sie durch ihre Gesetzesinitiative für „Sternenkinder“. Ihre Homepage zählt mittlerweile fast 900 000 Besucher.
Mehr Infos unter: jltfpw.jimdo.com
Im Namen ihrer Homepage haben Martins die Initialen ihrer toten Kinder verewigt.

sternenkinderhimmel.com
festimherzen
BarbaraundMario

Hinweis des Verlages

Die Autoren des Buches befinden sich mit der Stadt Wiesbaden über die Frage, ob ihr Sohn Josef-Lennard eine Lebend- oder eine Fehlgeburt war, im Rechtsstreit. Bis zur Veröffentlichung dieses Buches sind die Streitigkeiten noch nicht rechtskräftig entschieden.

MIX
Papier aus verantwortungsvollen Quellen
FSC® C014889

Verlagsgruppe Random House FSC® N001967
Das für dieses Buch verwendete FSC®-zertifizierte Papier *Munken Premium Cream* liefert Arctic Paper Munkedals AB, Schweden.

1. Auflage Oktober 2014
Bestell-Nr. 835028
ISBN 978-3-86334-028-5

Redaktion: Hanna Schott, Stefan Rüth
Lektorat: Stefan Rüth
Umschlaggestaltung: Gute Botschafter GmbH, Haltern am See

Fotos im Bildteil
Privat: Seite 1 und 2
© Christian Lohse, BILD: Seite 3, oben
© C. Junghanns/BMFSFJ: Seite 3, unten
Sophie Kröher: Seiten 4-7; Seite 8, Detailfotos vom Grab; © adeo Verlag
© Oliver Ruether: Seite 8, oben

Wir bedanken uns für die erteilten Abdruckgenehmigungen:
Seite 251: Antoine de Saint-Exupéry, Der Kleine Prinz © 1950 und 2014 Karl Rauch Verlag, Düsseldorf
Seite 266: Roland Kachler, Meine Trauer wird dich finden © 2005 Kreuz Verlag, Freiburg i. Breisgau

Satz: Uhl + Massopust GmbH, Aalen
Druck: Friedrich Pustet, Regensburg
Printed in Germany

Auf den ersten und letzten Seiten dieses Buches sind ca. 1400 Namen von Sternenkindern aufgeführt – stellvertretend für viele andere. Es war die Idee von Barbara und Mario Martin, diese Möglichkeit zu schaffen. Als Verlag haben wir dieses Anliegen gern unterstützt und auf unserer Homepage dazu eingeladen, den Namen und das Geburts- und Sterbedatum zu veröffentlichen. Schon nach wenigen Tagen mussten wir die Aktion beenden, da der Platz für das Abdrucken der Namen im Buch begrenzt ist. Aber: Fest im Herzen lebt ihr weiter …

· Noemi Anna *06.04.2003 † 06.04.2003 · Jonas *01.03.2010 † 01.03.2010 · Julian *21.09.2008 † 21.09.2008
· Florian *27.09.1992 † 27.09.1992 · Paul *18.08.2008 † 18.08.2008 · Neehle-Mia *07.05.2011 † 07.05.2011
· Erik *11.03.2000 † 11.03.2000 · Maxime *19.03.2012 † 19.03.2012 · Lucy Sophia *18.10.2006 † 18.10.2006
· Amy *08.04.2014 † 08.04.2014 · Edgar *01.05.2014 † 01.05.2014 · Luca *04.11.2008 † 04.11.2008 · Finja
*05.07.2011 † 05.07.2011 · Fynn Dennis *04.02.2012 † 04.02.2012 · Emilia Celena *14.05.2013 † 14.06.2014
· Naja *28.09.2007 † 28.09.2007 · Mia Sophie *23.02.2011 † 23.02.2011 · Devin - Tobias *25.05.2012
† 25.05.2012 · Kevin *20.11.2011 † 20.11.2011 · Wolke *14.04.2013 † 14.04.2013 · Noah *23.11.2012 † 23.11.2012
· Tamina Jordan *14.08.2010 † 14.08.2010 · Mia *23.04.2010 † 23.04.2010 · Alina *10.04.2013 † 10.04.2013
· Joshua James Thomas *16.11.2012 † 01.06.2013 · Jaron *28.07.2010 † 07.11.2010 · Emily *29.03.2013
† 29.03.2013 · Paul *17.02.2014 † 17.02.2014 · Luan *04.05.2014 † 04.05.2014 · Merle *20.04.2010 † 12.01.2010
· Maja *29.11.2007 † 12.10.2007 · Paul *17.03.2005 † 17.03.2005 · Ben Thilo *04.06.2014 † 04.06.2014 · Luna-
Marie *04.04.2014 † 04.04.2014 · Amalia *03.12.2011 † 03.05.2011 · Carlotta *30.06.2011 † 30.06.2011 · Nala
Marie *07.06.2008 † 07.06.2008 · Damian *01.08.2010 † 01.08.2010 · Garret *14.04.2014 † 14.04.2014
· Amy *09.09.2006 † 09.09.2006 · Ella *08.01.2014 † 08.01.2014 · Damina-Rose *07.02.2014 † 07.02.2014
· Jan Nicklas *19.03.2009 † 19.03.2009 · Carolin Sophie *10.01.2008 † 10.01.2008 · Lucia *23.01.2011
† 23.01.2011 · Dustin *14.08.2013 † 14.08.2013 · Niklas *13.07.1994 † 13.07.1994 · Manuel *07.08.2003
† 07.08.2003 · Anna-Maria *05.08.2013 † 05.08.2013 · Sam *08.02.2014 † 08.02.2014 · Sarah *31.03.2011
† 31.03.2011 · Piet *16.05.2012 † 16.05.2012 · Pascal *12.05.2007 † 12.05.2007 · Leilani *18.07.2011 † 18.07.2011
· Sofia und Til *02.11.2013 † 02.11.2013 · Pia und Finn *07.11.2012 † 07.11.2012 · Finia *31.01.2013 † 31.01.2013
· Lovelyn *30.03.2014 † 30.03.2014 · Fabienne *13.12.2006 † 13.12.2006 · Elina *27.10.2013 † 27.10.2013
· Engelchen *25.05.2005 † 25.05.2005 · Babette *02.08.2009 † 02.08.2009 · Milo *12.02.2010 † 12.02.2010
· Keanu *05.05.2011 † 05.05.2011 · Ziva *26.04.2014 † 26.04.2014 · Amy *25.05.1994 † 03.08.2013 · Mia
*26.04.2013 † 26.04.2013 · Pia-Celina *17.10.2008 † 17.10.2008 · Josie *17.10.2008 † 17.10.2008 · Emilia
*16.10.2008 † 16.10.2008 · Luisa *26.03.2011 † 26.03.2011 · Samira *24.04.2012 † 24.04.2012 · Amanda
*14.05.2014 † 14.05.2014 · Lukas-Leon *07.12.2006 † 07.12.2006 · Jannik Ole *24.07.1997 † 24.07.1997 · Max
*10.10.2011 † 10.10.2011 · Oskar *28.11.2013 † 28.11.2013 · Kim-Jasmin *12.02.2012 † 21.02.2012 · Maila Aliyah
*23.05.2014 † 21.05.2014 · Benjamin Jason *27.05.2011 † 26.05.2011 · Luis *24.06.2010 † 29.06.2010 · Mats
*16.11.2013 † 16.11.2013 · Lucie *01.11.2007 † 31.10.2007 · Joline Fee *15.02.2012 † 15.02.2012 · Julian *11.01.2008
† 11.01.2010 · Yanis *10.05.2013 † 10.05.2013 · Liam Munroe *28.11.2012 † 28.06.2014 · Len-Anton *27.07.2010
† 26.07.2010 · Mimi *18.07.2013 † 17.07.2013 · Sofia *13.09.2010 † 13.09.2010 · Lucas *15.04.2011 † 15.04.2011
· Milena Elisa *05.04.2013 † 05.04.2013 · Dalia Luna *03.03.2013 † 03.03.2013 · Leonie *06.02.2012
† 01.02.2012 · Lara & Yasmine *21.09.2000 † 21.09.2000 · Justus *27.09.2008 † 27.12.2008 · Sarah Jutta
*08.07.2010 † 07.07.2010 · Nathalie-Katharina *11.06.1989 † 11.06.1989 · Max-Christian *07.02.2009
† 07.02.2009 · Nick René *02.08.2010 † 12.03.2012 · Tom *06.02.2009 † 06.02.2009 · Krümelchen
*22.12.2009 † 22.12.2009 · Linus *10.04.2013 † 10.04.2013 · Lina Marie *04.10.2011 † 04.10.2011 · Luna
*30.11.2012 † 30.11.2012 · Lara *26.04.2013 † 27.04.2013 · Lenard *10.12.2011 † 10.12.2011 · Frederik *03.12.1999
† 03.12.1999 · Luca Joel *03.01.2010 † 03.01.2010 · Miriam *26.12.2009 † 23.12.2009 · Emiely & Charles
*27.01.2014 † 27.01.2014 · Sophie *31.03.2007 † 31.03.2007 · Felix-Leon *25.03.2010 † 25.03.2010 · Leoni
*06.11.2002 † 17.05.2002 · Krümelchen *07.02.2010 † 07.02.2010 · Malia *23.09.2011 † 01.12.2011 · Lara
*15.01.2001 † 15.01.2001 · Lukas *08.03.2012 † 08.03.2012 · Julian *01.02.2014 † 01.02.2014 · Benedikt
*07.12.2006 † 07.12.2006 · Sarah *16.06.2003 † 16.06.2003 · Clara *04.12.2000 † 04.12.2000 · Felix
*12.07.2013 † 12.07.2013 · Melina Sophie *23.06.2007 † 23.06.2007 · Leni *20.12.2006 † 20.12.2006 · Vincent
*19.08.2009 † 19.06.2014 · Adrian *06.06.2012 † 06.06.2012 · Elias *24.08.2013 † 23.08.2013 · Yara Luna
*13.11.2011 † 13.11.2011 · Robert *10.11.2009 † 10.11.2009 · Pascal & Philipp *06.01.2011 † 06.01.2011 · Leon
*12.01.2000 † 12.01.2000 · Marlon *20.11.2012 † 27.06.2012 · Sarah-Jane *08.03.2003 † 04.03.2003 · Dennis-
Pascal *18.01.1994 † 18.01.1994 · Cathleen-Valeska *18.01.1994 † 18.01.1994 · Maja *10.02.2011 † 10.02.2011
· Lennard *04.10.2013 † 04.10.2013 · Nico *30.07.2012 † 30.07.2012 · Merit *24.02.2000 † 24.02.2000 · Fynn
Lino *26.05.2014 † 26.05.2014 · Valentin *27.11.2012 † 27.11.2012 · Marius Jonathan *24.07.2012 † 24.07.2012
· Colin-Tyler *27.02.2013 † 27.02.2013 · Franz *19.10.2013 † 19.10.2013 · Sternchen 1 & Sternchen 2 *30.12.2011
† 30.12.2011 · Baby Mulcahy *02.03.2013 † 02.03.2013 · Melina *26.03.2014 † 05.11.2013 · Louis *15.05.2012
† 12.05.2012 · Angel *12.08.2007 † 12.08.2007 · Stella Hope *21.12.2012 † 21.12.2012 · Sophie *16.06.2013
† 16.06.2013 · Joel *22.08.2012 † 22.08.2012 · Jona *06.05.2011 † 06.05.2011 · Bauchzwerg *27.03.2013
† 27.03.2013 · Tom *20.09.2008 † 12.03.2013 · Leonie *01.07.2013 † 01.07.2013 · Damian *07.02.2013
† 07.02.2013 · Luccá *04.04.2006 † 03.04.2006 · Kathi *07.10.2009 † 07.10.2009 · Leoni Sophie *29.01.2013
† 02.01.2013 · Tyrese *25.08.2010 † 25.08.2010 · Fedja *12.03.2014 † 12.03.2014 · Elias-Noel *01.08.2012
† 01.08.2012 · Lotte *12.04.2014 † 12.04.2014 · Dennis & Dominik *15.06.1997 † 15.06.1997 · Pünktchen
*31.12.2012 † 31.12.2012 · Zwillingchen *18.07.2010 † 18.07.2010 · Sternchen *02.03.2010 † 02.03.2010 · Lana
Marie *24.02.2009 † 26.02.2009 · Kira Marie *19.04.2008 † 18.04.2008 · Paul *03.05.2014 † 03.05.2014
· Elias *13.01.2014 † 13.01.2014 · Jantje *18.02.2010 † 18.02.2010 · Jayden *18.07.2011 † 18.07.2011 · Marlin
*29.05.2009 † 29.05.2009 · Sarah Katharina *20.12.1991 † 20.12.1991 · Junyce Cecile *20.12.1999 † 20.12.1999

· Ayla *18.05.2011 † 17.05.2011 · Beatrice *17.09.2012 † 17.09.2012 · Felix Finley *27.05.2004 † 20.06.2004 · Kevin Lucas *10.11.2001 † 10.11.2001 · Noah *27.12.2013 † 27.12.2013 · Phil *23.05.2013 † 23.05.2013 · Emily-Sarah & Leon A.J. *04.04.2010 † 04.04.2010 · Luisa *07.05.2000 † 07.05.2000 · Paula *26.09.2013 † 26.09.2013 · Anna & Amadeus *11.02.2011 † 11.02.2011 · Engelchen *23.08.2013 † 23.08.2013 · Pia-Marie *13.12.2011 † 13.12.2011 · Emilya *07.04.2014 † 07.04.2014 · Ina Maria *02.06.2011 † 02.06.2011 · Lena *17.01.2003 † 17.01.2003 · Jana *26.09.2013 † 26.09.2013 · Engel *06.06.2008 † 06.06.2008 · Engel *13.03.2014 † 13.03.2014 · Akira *21.03.2011 † 21.03.2011 · Leon *10.11.2006 † 10.11.2006 · Max *16.01.2014 † 16.01.2014 · Luca *22.07.2013 † 22.07.2013 · Finn *22.03.2013 † 22.03.2013 · Finn *25.01.2014 † 25.01.2014 · Paul-Jamie *24.05.2011 † 24.05.2011 · Carolina *25.08.2007 † 25.08.2007 · Milena *14.12.2007 † 15.12.2007 · Roman *18.06.2012 † 18.06.2012 · Gluecckssternli *25.01.2013 † 25.01.2013 · Aaron *16.02.2010 † 16.02.2010 · Luca *06.02.2009 † 06.02.2009 · Ciara *22.09.2013 † 22.09.2013 · Lena und Levin *01.02.2010 † 01.02.2010 · Kleines Wunder *13.02.2014 † 13.02.2014 · Aiven Christopher *16.10.2008 † 16.10.2008 · Luna *21.10.2011 † 13.10.2011 · Luisa *21.12.2003 † 21.12.2003 · Christian *10.11.2003 † 10.11.2003 · Sophie-Marie *25.10.2010 † 24.10.2010 · Sina *29.11.2006 † 29.11.2006 · Marcel *12.06.2011 † 17.06.2011 · Engel *14.04.2012 † 02.09.2011 · Meine Zwillinge *11.02.2009 † 23.07.2008 · Moritz *16.09.2013 † 16.09.2013 · Nea *30.07.2011 † 28.07.2011 · Finn *25.12.2013 † 25.12.2013 · Lars *22.06.2007 † 22.06.2007 · Lukas Maximilian *31.03.2008 † 31.03.2008 · Laura *16.05.2014 † 16.05.2014 · Jayden *27.03.2014 † 27.03.2014 · Lea *06.05.2000 † 06.05.2000 · Angelo-Ryan *29.03.2014 † 29.03.2014 · Neo *01.04.2014 † 01.04.2014 · Angel Laurin *13.04.2001 † 13.04.2001 · Mia *04.02.2011 † 04.02.2011 · Ela *15.03.2014 † 15.03.2014 · Elias *17.08.2010 † 17.08.2010 · Wim *14.06.2004 † 14.06.2004 · Jonathan *28.03.2014 † 28.03.2014 · Charlotte *09.12.2012 † 09.12.2012 · Greta Marie *04.06.2014 † 04.06.2014 · Sascha-Mason *27.01.2009 † 27.01.2009 · Sarah Joleen *02.11.2013 † 02.11.2013 · Noah *02.11.2012 † 02.11.2012 · Tom *03.05.2014 † 03.05.2014 · Sam *04.01.2012 † 04.01.2012 · Mara *07.11.2013 † 07.11.2013 · Thilo *09.08.2013 † 09.08.2013 · Leon *20.03.2013 † 19.03.2013 · Luis Valentin *18.02.2012 † 18.02.2012 · Lucas-Jim *01.04.2011 † 01.04.2011 · Lea *07.03.2014 † 07.03.2014 · Lilian *11.04.2013 † 11.04.2013 · Jerome *09.09.2010 † 09.09.2010 · Vanessa *07.05.2009 † 07.05.2009 · Cassidy *07.04.2012 † 07.04.2012 · Emma *08.02.2014 † 08.02.2014 · Florentine *11.03.2014 † 11.03.2014 · Domenik *18.07.1985 † 18.07.1985 · Stella-Victoria *21.10.2013 † 21.10.2013 · Philip *17.07.2012 † 17.07.2012 · Noah Noel *02.09.2013 † 20.09.2013 · Jan „Däumling" *20.11.2010 † 20.11.2010 · Leonie Marie *11.09.2012 † 11.09.2012 · Janto *05.09.2012 † 05.09.2012 · Andre *21.05.1988 † 21.05.1988 · Amina Stella *17.03.2006 † 17.03.2006 · Dominic Gabriel *19.08.2007 † 19.08.2007 · Yuna *31.08.2010 † 31.08.2010 · Niklas Pascal *11.04.2003 † 11.04.2003 · Simon *04.07.2009 † 16.07.2009 · Candy *17.11.1994 † 17.11.1994 · Janina Silvia *28.03.1988 † 06.07.1988 · Marie Charlotte *15.12.2010 † 15.12.2010 · Anna Theresia *24.07.2009 † 24.07.2009 · Selina *12.03.2014 † 12.03.2014 · Johan Peter *21.01.2014 † 21.01.2014 · Jakob *10.04.2004 † 10.04.2004 · Emily *06.11.2008 † 06.11.2008 · Fynn *02.11.2011 † 31.10.2011 · Nils Cedric *12.09.2008 † 23.09.2008 · Nils *26.08.2009 † 26.08.2009 · Estelle Luna *08.06.2009 † 26.11.2008 · Luca *24.10.2012 † 24.10.2012 · Sternchen *20.07.2008 † 20.07.2008 · Fabienne *05.08.2011 † 19.04.2011 · Aline *20.07.2009 † 17.07.2009 · Joline *29.03.2013 † 29.03.2013 · Samuel *03.10.2013 † 03.10.2013 · Noah *07.03.2009 † 07.03.2009 · Jamie *06.09.2012 † 06.09.2012 · Sternchen *31.01.2011 † 31.01.2011 · Mariam *27.01.2008 † 27.01.2008 · Jan-Eric *17.09.2002 † 22.04.2002 · Adriane *02.06.2005 † 02.06.2005 · Sophie *04.01.2008 † 04.01.2008 · Sina-Louise *17.10.2012 † 17.10.2012 · Maria *02.05.1995 † 02.05.1995 · Joel *10.11.2011 † 10.11.2011 · Finn-Luca *12.03.2014 † 12.03.2014 · Sofia *13.09.2010 † 13.09.2010 · Lenie *13.07.2012 † 13.07.2012 · Isaac *14.03.2011 † 14.03.2011 · Pünktchen *10.07.2011 † 10.07.2011 · Maximilian *11.01.2007 † 11.01.2007 · Maya Noelia *24.12.2012 † 24.12.2012 · Jaqueline *10.05.2001 † 20.01.2002 · Luca *18.02.2009 † 18.02.2009 · Alex *09.03.2010 † 09.03.2010 · Mia *27.06.2007 † 27.06.2007 · Anton *29.01.2014 † 29.01.2014 · Leona *09.11.2008 † 09.11.2008 · Kilian Jilliano *28.07.2010 † 28.07.2010 · Delia *16.12.2012 † 16.12.2012 · Sebastian *06.05.2003 † 09.05.2003 · Eloy *08.08.2001 † 08.08.2001 · Sunny *13.01.2013 † 13.01.2013 · Krümel *12.10.2013 † 02.04.2013 · Eliza-Jane *12.12.2012 † 12.12.2012 · Sophia Marie *19.05.2012 † 19.05.2012 · Philip *17.07.2012 † 17.07.2012 · Mailien *03.02.2005 † 03.02.2005 · Matino *19.04.2010 † 19.04.2010 · Moreno *19.05.2009 † 19.05.2009 · Rafael Noah *19.04.2012 † 19.04.2012 · Tim-Lenard *06.09.2007 † 06.09.2007 · Leonie *26.10.2009 † 12.11.2009 · Kim-Luna *26.10.2009 † 26.10.2009 · Pünktchen *11.09.2012 † 11.09.2012 · Yanis und Christian *21.04.2002 † 21.04.2002 · Taranee *22.04.2010 † 05.05.2013 · Lille Ann *09.11.2011 † 09.11.2011 · Amy-Rose Sophie *23.12.2013 † 05.01.2014 · Marc Alexander *02.04.2005 † 02.04.2005 · Noel *11.07.2010 † 05.06.2014 · Leonie Marie *11.07.2010 † 05.06.2014 · Leon Benjamin *11.07.2010 † 05.06.2014 · Jason *26.12.2006 † 26.12.2006 · Ben Elias *17.02.2014 † 17.02.2014 · Paul Alexander *12.11.2013 † 12.11.2013 · Leon Maurice Leif *03.11.2010 † 03.11.2010 · Max *05.04.2013 † 22.10.2012 · Josy-Tabea *25.06.2012 † 25.06.2012 · Luna-Cosima *09.04.2014 † 09.04.2014 · Sternchen *31.08.2012 † 31.08.2012 · Lisa Luise *30.11.2012 † 30.03.2013 · Julian Luca *19.04.2004 † 19.04.2004 · Mia und Nele *01.02.2014 † 01.02.2014 · Minipünktchen *02.02.2009 † 02.02.2009 · Pünktchen *22.06.2008 † 22.06.2008 · Sternchen *15.02.2008 † 15.02.2008 · Krümelchen *18.09.2008 † 18.09.2008 · Sternchen 1 *05.08.2008 † 05.08.2008 · Sternchen 2 *20.02.2009 † 20.02.2009 · Sternchen 3 Malia *23.09.2010 † 26.09.2010 · Sternchen 4 Nela *20.02.2012